# 数据决策
## 企业数据的管理、分析与应用

顾生宝 编著

电子工业出版社
Publishing House of Electronics Industry
北京·BEIJING

## 内容简介

本书是作者十年数据领域实践经验的总结，系统介绍了企业的数据战略规划和企业内外部数据的应用，并在此基础上介绍了零售、快速消费品、汽车、航空、保险等行业的实战案例及作者的思考。本书通过与企业数据相关的理论体系、行业案例、业务领域热点等，全面介绍了不同行业的企业中数据的管理、分析与应用，对企业未来的数字化转型也做了简要介绍。相信不同类型的读者都能够从本书中获得自己想要了解的部分。

本书实战案例丰富，适合想在企业中更好地利用数据的企业主、管理层、业务负责人阅读，也适合从事数据和 AI 相关工作，关注数据和 AI 在产业中应用的读者阅读。

未经许可，不得以任何方式复制或抄袭本书之部分或全部内容。
版权所有，侵权必究。

**图书在版编目（CIP）数据**

数据决策：企业数据的管理、分析与应用 / 顾生宝编著 . —北京：电子工业出版社，2020.6
ISBN 978-7-121-39005-0

Ⅰ. ①数… Ⅱ. ①顾… Ⅲ. ①企业管理 – 数据管理 Ⅳ. ① F272.7

中国版本图书馆 CIP 数据核字（2020）第 077136 号

责任编辑：高丽阳
印　　刷：北京虎彩文化传播有限公司
装　　订：北京虎彩文化传播有限公司
出版发行：电子工业出版社
　　　　　北京市海淀区万寿路 173 信箱　邮编：100036
开　　本：720×1 000　1/16　印张：13　字数：208 千字
版　　次：2020 年 6 月第 1 版
印　　次：2024 年 4 月第 8 次印刷
定　　价：79.00 元

凡所购买电子工业出版社图书有缺损问题，请向购买书店调换。若书店售缺，请与本社发行部联系，联系及邮购电话：(010) 88254888，88258888。
质量投诉请发邮件至 zlts@phei.com.cn，盗版侵权举报请发邮件至 dbqq@phei.com.cn。
本书咨询联系方式：010-51260888-819，faq@phei.com.cn。

## 致谢

在创作本书的过程中,我得到了很多朋友的帮助和支持(排名不分先后):曹宏斌、苏基宗、Sonia、丁玉娇、王克、杨丁、傅强、李尚松、张灵通。

感谢我在 IBM 和 Mars 公司工作时的同事们,感谢他们提供给我更开阔的视野和更佳的机会。

感谢本书的推荐人:张诗童、黄志伟、王斌、王颖奇、冯文全、张灵通、王涛。

谨以此书献给我最亲爱的家人与朋友们,你们是我奋斗路上坚强的后盾!

希望本书能够帮到每一位热爱数据科学及关注企业如何应用数据的读者，为中国产业公司的数字化，以及对 AI 与数据分析的应用贡献一份绵薄之力。

如果读者在阅读本书的过程中对某些细节感兴趣或者想和我沟通，可以通过如下渠道联系我。期待和大家互动、沟通、共同成长！

邮箱：gushengbao@hotmail.com

Linkedin：linkedin.com/in/shengbao-gu-73548750

| 个人微信号 | 本书公众号 | 知识星球 |

# 内业人士力荐

做出科学的决策在商场中十分重要。在当前这个数据爆炸的时代，挖掘数据背后的规律，是做出科学决策的依据。在本书中，顾生宝老师将教你通过对数据的剖析、整合，对用户进行精确定位，满足个性化需求，帮你真正实现裂变式、爆发式增长。

——张诗童　纽交所上市公司朴新教育联合创始人，
环球少儿总裁，入选福布斯精英榜

本书是作者顾生宝在大数据领域工作十年的总结，作者花了两年的时间编写这本书，读者不论是否有技术背景，都可以从书中获得启示。本书中有大量的数据实践精华！

——黄志伟　栎芽资本合伙人

在数据时代，每家企业都有大量的数据，但是有了数据并不等于有了商业价值。本书用大量案例告诉企业管理者如何挖掘数据背后的商业价值，值得各个行业的管理者阅读。

——王斌　元禾原点投资合伙人

互联网在大众生活中已充分渗透，企业需要全面融入互联网业务。而互联网业务的发展，一个很重要的指标就是商业数据的使用。本书特别适合已经初具规模的企业的管理者阅读，有助于他们快速了解商业数据全貌，建立适合自己企业的数据机构，让数据指导决策，实现商业价值。

——王颖奇　软件企业研发管理工具 ONES 创始人，公司 CEO

企业的发展需要科学的决策，数据是做出科学决策的重要依据，如何有效挖掘数据价值成为管理者面临的重要问题。顾老师这本书深入探讨了当代企业进行数据采集、数据分析的途径，并用案例讲述了数据在各行业有效应用的方法。

——冯文全　北京航空航天大学青岛研究院院长，研究员，博士生导师

随着大数据时代的到来，企业越来越清楚地认识到数据的重要性，但对于什么是数据科学，如何管理并用好数据，很多企业仍然感到迷茫。这本书用 9 章的篇幅深入探讨了现代企业应该如何收集、管理、分析企业运营中涉及的数据，并用丰富的案例，形象地讲述了数据在各个行业中的应用方法，可供企业直接借鉴。本书是企业管理者、数字化领域从业者的一本指导手册。

——张灵通　福田戴姆勒 IT 总监

数据是新的"石油"，是本世纪珍贵的财产。数据的价值需要被挖掘，正如石油需要精炼才能发挥其真正的价值。企业既是数据的创造者又是数据的使用者，用数据指导运营、支撑决策是极富挑战性的开创性工作。本书对数据战略的细致阐述，既有系统化的理论，又有丰富的案例。全书举重若轻，深入浅出，非常适合企业管理者和数据科学从业人员阅读。

——王涛　石化盈科大数据负责人兼首席大数据专家

# 序言

本书是我写的第一本书,写这本书的时候我 32 岁,刚刚结束了一个历时近两年的数据分析创业项目 Datalantern。在此之前,我读过很多外国作者写的技术方面的书,不同的作者有不同的风格。我曾经读过国外作者写的一本介绍 Oracle 数据库技术的书,对把技术书写的像诗一样的感觉记忆犹新。我就想,自己不能只是一名资深的技术顾问,未来也要做一名技术作家。

2018 年,电子工业出版社的编辑找到我,问我想不想把大数据在不同行业的应用实践经验写成一本书。在编辑的启发下,我觉得有必要花一点时间,将这些年沉淀的跨行业数据领域的经验,做一次系统化的梳理。写这本书的目的,一半是让自己做阶段性的经验总结,工作满十年,圆一个作家梦;一半是整理自己在过往工作中积累的对行业的思考,为行业做一次输出,期望更多人能够透过本书了解到数据在企业中应用的方方面面。

在接到编辑的写作邀请时,我本能地想到两个题目。一是企业如何更好地利用内部数据,从企业最常见的应用场景出发,从对项目的介绍及对解决思路的描述中引出企业数据的管理、分析与应用;二是介绍企业数据应用的现状,客观描述不同行业中企业在数据领域做的努力和新出现的数据创新模式,对跨行业的同类案例及主题进行归类总结,因为这都与我多年的工作密切相关。但与数据相关的题目技术性太强,我希望能找到一个全景式话题,可以在认识不同行业的企业现状的基础上,对企业实际的数据环境、面临的具体问题及解决方案做全面的介绍。

在过去几年中，我接触过的行业包括零售、快速消费品、汽车、航空、保险等。在与这些行业中的客户沟通需求，参与设计数据相关方案并实施落地过程中，我深刻地了解到同一个行业中不同产品品类的运营面临的各种问题，不同的行业围绕 CRM、广告、消费者运营等有相似的诉求，而在其他方面又有巨大的差异。在此过程中，我的脑海中突然浮现出读者看到的这个方案，觉得这个方案足以让人兴奋，足以概括以往数据领域不同行业的企业现状。

读者无论有没有计算机背景，都能够从本书中读到企业一线数据应用实战案例，获得思考。企业的经营者、管理者能够从书中看到这些新的数据科学、AI 技术是如何在企业中改进业务的，也能够看到企业未来的业务战略和数据战略。企业的 CIO、CDO 或者信息主管能够从书中看到，在文化、组织不同的企业中，数据应用方式的千差万别。企业的业务方通过本书能够理解企业利用数据可以做哪些事情，要用好数据应该具备什么样的能力，等等。

更多对数据领域感兴趣的读者，能够从本书总结出来的理论体系、行业主题、行业案例、业务领域热点、数据相关热门话题中找到感兴趣的主题。这本书只要有一段话、一部分内容能给读者带来启发，对读者有帮助，我就会觉得很欣慰！

本书利用业余时间编写，在此期间，根据编辑的建议，我一遍一遍修改过几个版本。但因为作者水平有限，书中还存在大量不足，希望读者朋友指正或提出建议！

顾生宝

2020 年 4 月

**读者服务**

微信扫码回复：39005

- 获取博文视点学院 20 元付费内容抵扣券
- 获取免费增值资源
- 加入读者交流群，与更多读者互动
- 获取精选书单推荐

# 目 录
## Contents

**第1章　数据科学** / 001

**1.1　大数据技术** / 002

　　1.1.1　大数据的发展趋势 / 002

　　1.1.2　大数据处理的基础 / 003

　　1.1.3　企业中常见的大数据产品 / 004

**1.2　数据科学** / 004

　　1.2.1　大数据分析原理 / 005

　　1.2.2　数据在不同行业中的应用 / 006

**1.3　数据分析流程及高级分析** / 008

　　1.3.1　数据分析流程 / 009

　　1.3.2　高级分析 / 010

　　1.3.3　数据科学家需要具备的能力 / 011

**1.4　数据科学与经营管理** / 012

　　1.4.1　数据科学与企业经营 / 012

　　1.4.2　数据科学与企业管理决策 / 012

　　1.4.3　企业运营效率的数据分析诉求 / 013

1.5　通过新技术及 AI 感知未来　/ 013

　　1.5.1　新技术加速发展　/ 014

　　1.5.2　云端环境变化　/ 014

　　1.5.3　新技术成熟度与市场接受度　/ 015

　　1.5.4　产业公司的科技机会　/ 016

## 第 2 章　用户行为漏斗及营销科技　/ 019

2.1　营销科技的定义及内涵　/ 021

2.2　用户的四个层级　/ 022

　　2.2.1　双漏斗模型及用户的转化　/ 024

　　2.2.2　用户漏斗与漏桶的使用限制　/ 026

2.3　用户行为预测　/ 027

2.4　用户购买决策及路径研究　/ 028

　　2.4.1　用户购买决策的秘密　/ 029

　　2.4.2　一二三线市场结构现状　/ 030

　　2.4.3　用户渗透过程可视化　/ 030

　　2.4.4　用户决策路径可视化　/ 031

2.5　用户生命周期价值营销　/ 032

2.6　用户广告运营工具及 PaaS　/ 032

　　2.6.1　通用的用户广告运营产品思路　/ 032

　　2.6.2　线上、线下打通的运营方案　/ 034

## 第 3 章　企业用户增长及转化激活　/ 037

3.1　企业拉新的三种方式　/ 039

3.2　内外部用户的不同优化方向　/ 042

3.3  智能营销数据库建设 / 043

3.4  用户增长与转化 / 045

3.5  案例：某快车公司的裂变式用户增长 / 054

  3.5.1  用户持续增长的逻辑假设 / 054

  3.5.2  早期的产品逻辑 / 055

  3.5.3  用户增长运营工具的两个核心 / 056

  3.5.4  运营产品效果评估方法 / 057

## 第4章  决策优化应用 / 059

4.1  CRM 简介 / 060

  4.1.1  AI 驱动式 CRM / 061

  4.1.2  未来生态式 CRM / 062

4.2  CRM 与决策模型 / 063

  4.2.1  RFM 分群模型 / 063

  4.2.2  预测购买模型 / 067

  4.2.3  智能运营模型 / 069

4.3  销售与决策模型 / 071

  4.3.1  向上销售 / 071

  4.3.2  交叉销售 / 072

  4.3.3  销售预测 / 072

  4.3.4  个性化推荐销售 / 074

4.4  产品创新与数据分析 / 074

  4.4.1  在分众市场找创新点 / 075

  4.4.2  分众市场定义新品类 / 076

4.5  客户数据平台建设及应用 / 078

4.5.1 客户数据平台建设 / 079

4.5.2 五类运营服务模式 / 080

4.6 借助大型数据平台开展数据化运营 / 081

## 第 5 章 数据科学与企业管理决策 / 083

5.1 企业管理决策 / 084

5.1.1 人类的决策过程 / 084

5.1.2 企业管理决策 / 086

5.2 数据决策分析模型 / 088

5.2.1 分类模型与回归模型 / 089

5.2.2 数据分析建模过程 / 092

5.2.3 常用建模算法及工具 / 093

5.2.4 影响建模的主要因素 / 095

5.3 用户增长及转化 / 095

5.3.1 用户增长 / 095

5.3.2 用户运营及销售转化 / 096

5.4 广告投放及市场开拓 / 098

5.4.1 广告投放策略优化 / 099

5.4.2 寻找 20% 的可能转化者 / 100

5.4.3 电商站内广告投放优化 / 101

5.5 市场空白的发现及开拓 / 102

5.5.1 市场空白的发现 / 102

5.5.2 新市场的开拓 / 104

5.6 案例：快速消费品行业数字化的机会 / 105

5.6.1 快速消费品行业的发展趋势及用户特点 / 105

5.6.2　快速消费品行业的核心业务及机会　/ 106

　　　5.6.3　线上与线下触点努力方向　/ 107

## 第6章　企业如何用好外部数据　/ 111

### 6.1　企业对于数据应用的态度　/ 112
### 6.2　企业中的外部数据源　/ 114
　　　6.2.1　外部数据源的作用　/ 115

　　　6.2.2　合理购买外部数据源　/ 116

　　　6.2.3　外部数据源的分类　/ 116

　　　6.2.4　外部数据源可靠性评估技巧　/ 118

　　　6.2.5　获取外部数据源的方法　/ 118

### 6.3　企业的数据变现　/ 119
　　　6.3.1　实现数据变现的前提　/ 119

　　　6.3.2　企业外部数据变现面临的挑战　/ 121

　　　6.3.3　企业数据变现的思路　/ 122

### 6.4　案例：宠物行业利用外部线索拉新　/ 124
　　　6.4.1　找到外部数据质量好的数据源　/ 124

　　　6.4.2　寻找宠物销售线索　/ 125

　　　6.4.3　数据产品赋能行业　/ 126

## 第7章　经营好企业中的数据　/ 129

### 7.1　企业经营好数据的三要素　/ 130
### 7.2　数据经营方法（KPI分解）　/ 131
### 7.3　企业数据应用战略规划　/ 134
　　　7.3.1　梳理数据源　/ 134

7.3.2　评估数据质量 / 135

7.3.3　建设数据管理平台 / 135

7.3.4　建设相应的企业数据文化 / 136

7.3.5　制定企业数据管理原则 / 137

**7.4　相关数据技术 / 137**

**7.5　企业中的数据研究思路及应用 / 140**

7.5.1　两种数据研究视角 / 140

7.5.2　数据应用实施原则 / 141

**7.6　案例：零售类企业的数据应用战略 / 143**

7.6.1　以消费者为中心的数据湖 / 144

7.6.2　广告投放与第三方数据建设 / 145

7.6.3　媒体投放检测数据及 AI 预测 / 147

## 第 8 章　数据在不同行业中的应用 / 149

**8.1　产业互联网创新模式 / 151**

**8.2　企业的数据诉求及时机 / 153**

8.2.1　国内企业级服务的现状 / 153

8.2.2　企业数据的现状与诉求 / 154

8.2.3　企业数据的应用时机 / 155

**8.3　汽车行业 / 156**

8.3.1　汽车行业的数据应用 / 156

8.3.2　用户数据平台的建设 / 160

8.3.3　数据应用场景 / 162

**8.4　航空行业 / 170**

8.4.1 航空行业新变化及数据应用规划 / 170

8.4.2 航空用户大数据平台规划 / 172

8.4.3 数据应用场景 / 173

8.5 保险行业 / 177

8.5.1 保险行业的环境及机遇 / 177

8.5.2 保险行业痛点分析 / 177

8.5.3 保险行业的数据化机会 / 178

8.5.4 保险赛道上的互联网平台商业模式 / 179

# 第 9 章 企业数字化转型 / 183

9.1 企业数字化转型面临的困境 / 184

9.2 企业数字化转型的五个阶段 / 185

9.3 企业数字化转型的组织架构及过程 / 187

9.3.1 组织架构及人才组成 / 187

9.3.2 企业数字化转型的三要素 / 188

9.3.3 企业数据团队的组成 / 189

9.4 数据产品 / 190

9.5 案例：腾讯数据产品探索之路 / 191

# 第 1 章

# 数据科学

大自然赐给我们的是知识的种子,而不是现成的知识。

——塞涅卡

随着移动互联网的快速发展，大数据技术变得越来越成熟，正在改变着人们的工作、生活与思维模式，进而对文化、技术等产生深远的影响。

## 1.1 大数据技术

当前，大数据技术在各个领域中受到高度关注，成为包括计算机科学和统计学在内的多个领域的新研究方向。在不同领域中，对于大数据的研究有较多的重叠，比如在计算机专业中涉及的机器学习算法模型，在统计学专业中被称为统计分析建模技术。另外，一些商学院也引入了一些与数据科学和管理决策相关的课程，让商学院的学生进行更多的数据科学决策思维训练。

同时，在大数据研究中也存在一些误区，如片面追求数据规模、过于强调计算系统架构和算法、过度依赖分析工具、忽视数据的应用、混淆数据科学与大数据的定义等。下面简要介绍一下大数据的应用，以及数据科学在企业中的应用。

### 1.1.1 大数据的发展趋势

提到大数据，不同的人有不同的理解和看法。下面介绍一下大数据技术的发展史。

在大数据开始流行之前，企业中的数据应用普遍处于 BI（Business Intelligence，商务智能）阶段，更多的企业是通过整合内部系统数据来解决企业的一些报表需求、实时分析需求的。后来，随着互联网中文本、音频、视频等数据的增加，传统结构化数据处理方式受到进一步的挑战。

以大数据处理能力著称的 Hadoop 生态体系及其技术的完善发展，给非结构化数据的处理，以及海量的数据处理带来了福音。更多的互联网公司首先倾向于搭建开源的 Hadoop 系统，进行数据的存储、处理、分析。紧接着，像银行等一些大型传统企业也逐步引入 Hadoop 进行数据的存储与分析，一时间，Hadoop 成了大数据技术的代名词。

### 1.1.2 大数据处理的基础

Hadoop 因为能够处理更广泛的数据，处理速度更快而被企业应用于数据存储、计算与处理。

图 1-1 中展示了 Hadoop 的整个生态体系，其中包括很多组件，这些组件分别被应用于数据的工作流处理，数据的传输、清洗、存储，数据流工作任务的

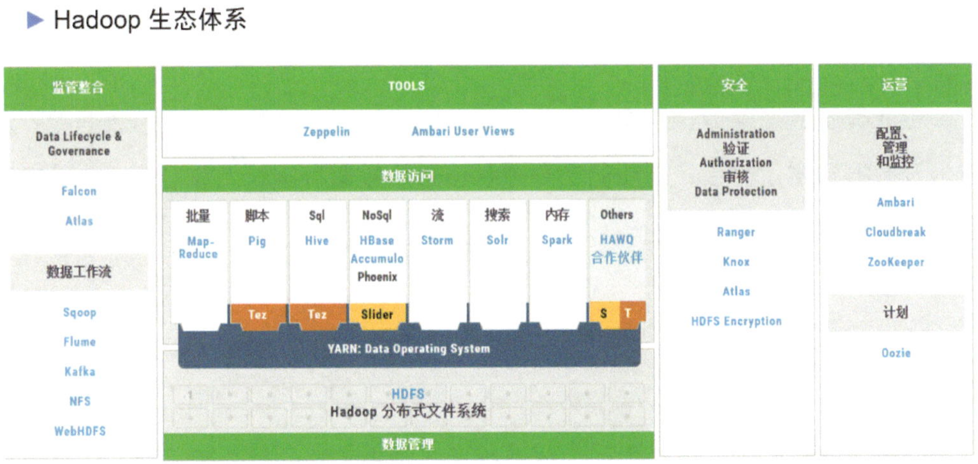

▶ Hadoop 生态体系

图 1-1　Hadoop 生态体系

调度、管理以及查询等。在具体的大数据项目实践中，企业会根据具体的需求，采用相应的组件。

在具体的大数据项目中，主要会用到该生态体系下的下列技术。

HDFS（Hadoop 分布式文件系统）：用于存储数据。

Sqoop、Flume 和 Kafka：用于进行数据工作流处理。

MapReduce 和 Hive/Pig：基于 Hadoop 做批量处理及计算。

### 1.1.3　企业中常见的大数据产品

企业在进行 IT 技术选型的时候，都希望将一些成熟的商用技术，用于快速搭建企业的大数据平台，此时可以使用一些相对成熟的大数据产品（相对成熟的大数据产品有比较专业的技术服务），例如 Cloudera、Hortonworks（目前这两家公司合并了）等的产品。

Hortonworks 是一家大数据公司，提供了集大数据存储计算相关组件为一体的功能，帮助企业搭建基础数据存储、处理及管理平台。

企业有了数据存储、处理的新平台后，如何利用好这些平台上的数据呢？这就涉及数据科学了。接下来我们主要介绍什么是数据科学、大数据分析的原理及数据在企业中有哪些应用方向。

## 1.2　数据科学

随着海量数据的不断产生，大数据给社会带来了新的挑战和机遇，随之出现了由新的理论、方法、模型、技术、平台、工具和应用组成的一整套知识体系。

数据科学作为一门新兴的处于数理、统计及计算机编程之间的新型学科,可以帮助企业发现更多的商业机会,在商业洞察方面发挥着越来越重要的作用。

数据科学与大数据是相互关联又有区别的。本节重点介绍数据科学的出现及定义、大数据分析的基本原理,以及概述数据科学在不同行业中的应用。

## 1.2.1 大数据分析原理

大数据分析的原理是:输入一些样本数据特征(即特征变量),在众多的算法中找到一个适合该系列数据模式的算法。根据已经找到的算法,输入想要预测的样本数据的特征,此时算法就可以预测输出相应的结果(即目标变量),详细流程如图 1-2 所示。

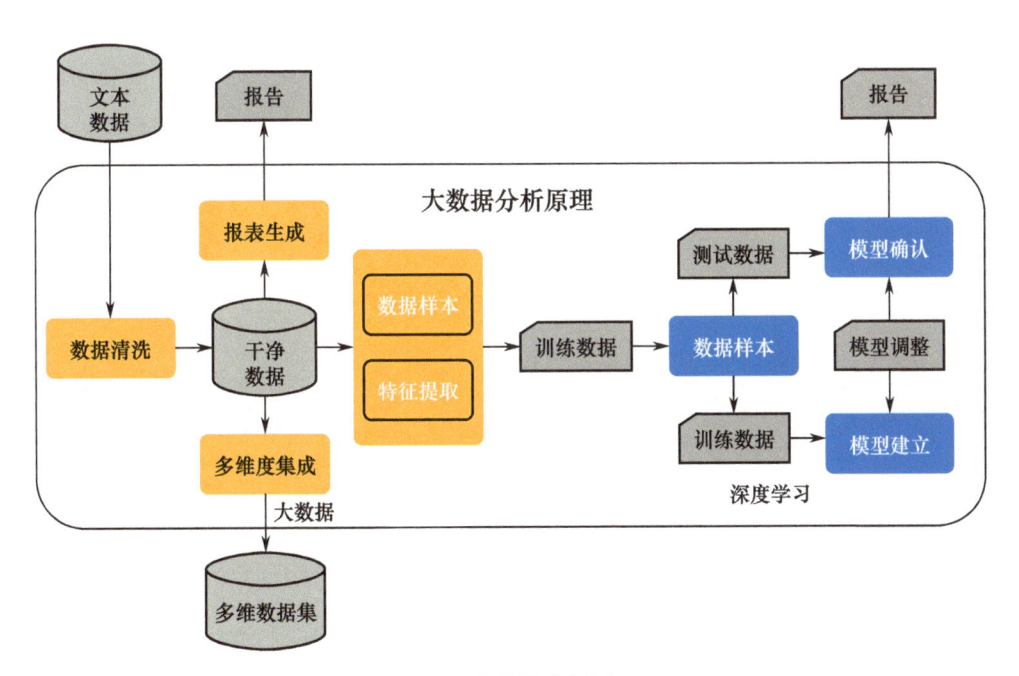

图 1-2 大数据分析原理

这里涉及几个新概念：

- 特征变量：就是输入特征，即输入想让模型进行学习的内容。
- 目标变量：也叫目标特征（或者输出特征）。特征变量进行训练，训练出模型后，再放入更多新的特征变量，模型经过计算并输出的值称为目标特征。模型输入输出原理如图 1-3 所示。

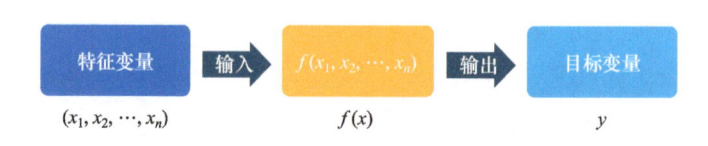

特征变量 $(x_1, x_2, \cdots, x_n)$ → 输入 → $f(x_1, x_2, \cdots, x_n)$ $f(x)$ → 输出 → 目标变量 $y$

图 1-3　模型输入输出原理

我们举一个例子来说明。电商平台要通过以往的销售额预测未来的销售额，其输入特征可能是：日访问量、访问频次、每天销售额的增长。目标特征是：未来几个月的销售额。通过训练模型，找到一个可以泛化拟合的函数，在函数中输入这些特征，就可以得出准确的目标特征（更多的原理、技术细节已经超出本书范围，这里就不展开讲解了）。

### 1.2.2　数据在不同行业中的应用

数据科学作为一门跨统计学、运筹学、计算机科学、商业管理等学科领域的学科，在各个行业中都有广泛的应用。下面罗列了数据科学在一些行业中的应用。

#### 1. 医疗领域

在医疗行业中沉淀了大量的纸质或电子版的个人病例数据、诊断数据、检查结果数据、体检数据等。将这些数据更好地整合、清洗及处理，提升医疗行业的信息化水平，帮助医生做辅助诊断，成为当前医疗领域中的一个创新机会。

在传统的医生诊断治疗中，医生根据自己的临床经验诊断并提供治疗方案。未来，医生是否可以利用通过传统医疗方法所积累的行业经验及数据，使用高级分析方法，对一些疾病进行早期的健康预测、预防？

全球知名的 Kaggle 网站（一个数据科学竞赛网站，网站上有很多企业提出业务痛点，并提供一定的样本数据。这里也有大量的国内外数据科学家，他们会根据企业提供的样本数据进行建模，并为企业提供自己优化的模型方案，以此获得奖励）曾有一道题：制订健康改进计划。该计划鼓励参赛者提出改善医疗保健的方法，可以赢得 300 万美元。该题的题目是：预测人们第二年是否要去看病（通过分析某些药品和某些人特质之间关系，以便更好地提升医疗水平）。类似于这样的一些商业场景，都预示着数据分析在医疗健康领域存在着大量的应用机会。

2. 保险领域

保险科技近几年发展迅猛。某些保险公司结合企业内部及外部数据，尝试做一些保险用户画像、保险科技场景的创新应用，用于理赔、反欺诈等业务场景中。另外，针对新出现的用户保险共享平台，衍生出了新的互助创新险种、养老健康险种等。

利用人工智能、数据分析等相关技术，保险科技企业对 B 端及 C 端做了以下一些技术应用方向的规划，整体目标是提升保险领域中间环节的效率。

基于大数据应用，机器学习的保险行业针对 B 端及 C 端的方向如下：

（1）针对企业端（B 端）的方向

场景欺诈检测，数据反哺，自动化理赔，损失预测，理赔管理，险种创新。

（2）针对用户端（C 端）的方向

策划新险种，优化用户体验，为 C 端用户进行保险规划。另外，有一些新类型报销，如共享保险，也是互联网科技公司可以尝试的比较好的方向。

### 3. 农业领域

在农业领域中，可以通过传感器采集大棚室温、土壤及周边环境的数据，实时提醒用户施肥和灌溉。还有一些企业会尝试利用各类整合的数据，将企业的整个生产过程进行数据分析，使其可视化。

### 4. 用户研究领域

在电商企业及传统企业的用户研究中，数据科学也有比较广泛的应用场景。在电商领域中，用户登录电商平台之后，经常会看见带有"猜你喜欢""给你推荐""你可能平时购买或者浏览过"字样的推荐产品。在约会类网站中，经常出现这样的情况：根据用户设置的条件，帮助用户筛选出哪些异性可能会更适合你。

在更多用户和市场研究领域中，会有更高级的数据分析应用，如用户画像的研究、用户的分群研究、市场细分研究、用户未来生命价值贡献预测等。

数据技术不断渗透并进入更多企业的各个领域，在未来还会涉及金融、零售、快速消费品、汽车、航空等领域。对于企业而言，找到行业可能应用到数据的场景及方向是企业数据决策的第一步。

接下来我们会针对这些场景介绍数据分析流程、高级分析的原理及数据科学家所具备的能力，从而帮助读者理解场景、数据分析流程及核心技术能力，让更多数据应用场景能够在企业落地。

## 1.3 数据分析流程及高级分析

在正式介绍企业数据分析流程及高级分析之前，首先介绍一些企业里常见的数据职位，以及每个职位的人在企业中承担的责任。

业务分析师（Business Analysis，BA）：这类人需要了解行业，快速理解业务痛点，能够进行基础的统计数据分析类工作（某些高级一点的职位需要熟练的 SQL 技能）。他们通常掌握一些基础数据处理分析技能，能够做商业洞察分析类报告。

高级统计分析建模师：一般数据科学家会拥有高级统计分析建模经验，熟悉一些统计或者机器学习算法，能够通过编程实现一些模型分析应用项目。高级统计分析建模师需要熟悉一些工作中用到的算法，如非监督学习、监督学习及聚类等。

### 1.3.1 数据分析流程

在企业中，经营的方方面面都需要数据分析。互联网公司由于业务变化快，需要实时且持续地通过数据分析，发现企业业务存在的问题，并提出改进的方法，帮助企业解决相应的业务问题。

企业数据分析一般需要以下几个步骤。

- 确定商业目标。

- 确定解决该问题所需要的数据、技术、能力。

- 确定用基本业务分析模型，还是用高级分析模型。

- 数据分析，包括数据准备、数据预处理、数据建模、分析数据并得出结果。

- 数据分析结果汇报。

- 解释结果，提出应用方案。

其中，确定清晰的商业及业务问题，并和相关业务关键人员达成共识，是数据分析类项目成功的关键。接下来的部分属于企业中数据科学家建模、执行的环节。

## 1.3.2 高级分析

下面介绍在日常工作中常用的高级分析模型——机器学习算法模型。

（1）监督学习：包含的算法有逻辑回归、贝叶斯法、决策树、SVM（支持向量机）。

（2）非监督学习：包含的算法有 kNN（邻近算法）、PCA（主成分分析）、K-means（K 均值聚类算法）。

下面重点看一下监督学习是如何工作的。

图 1-4 显示的是一个监督学习模型。企业采集相关数据，并将数据转化为特征向量，通过相应的机器学习模型（这里是监督模型）对特征向量进行训练，最终进行分类预测，得到期望的类型标签。

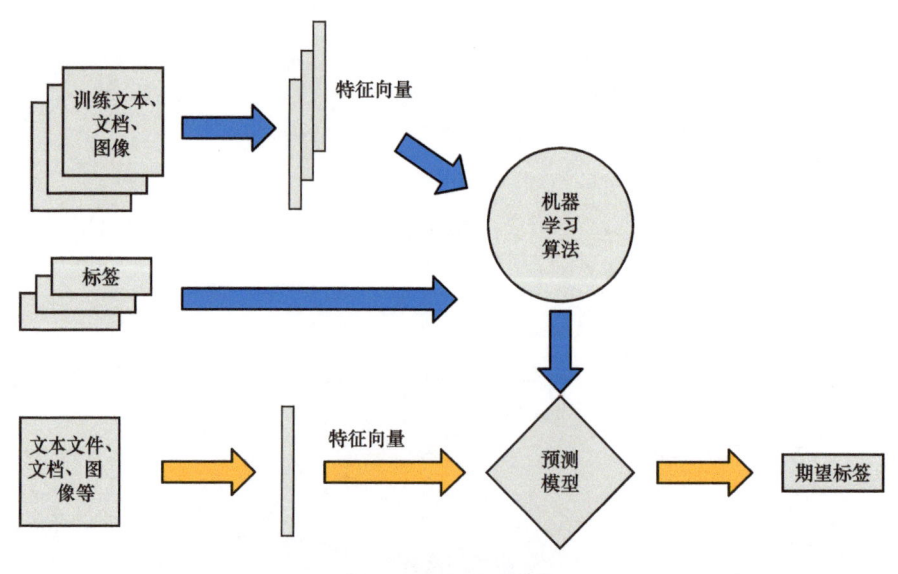

图 1-4 监督学习模型

企业中高级统计分析建模的工作，需要由专门的数据科学家来协助定义问题、建模并将结果进行呈现。一个合格的数据科学家需要哪些核心能力呢？

### 1.3.3 数据科学家需要具备的能力

要成为数据科学家，需要掌握的核心能力包括数理知识（含传统研究）、业务能力（行业领域经验）、黑客能力（在数据领域工作，尤其是数据科学家，需要通过寻找变量之间的各类关系，不断进行假设、验证，喜欢与数据打交道，能够热衷于研究数据，所以需要黑客的探索精神）等，如图1-5所示。

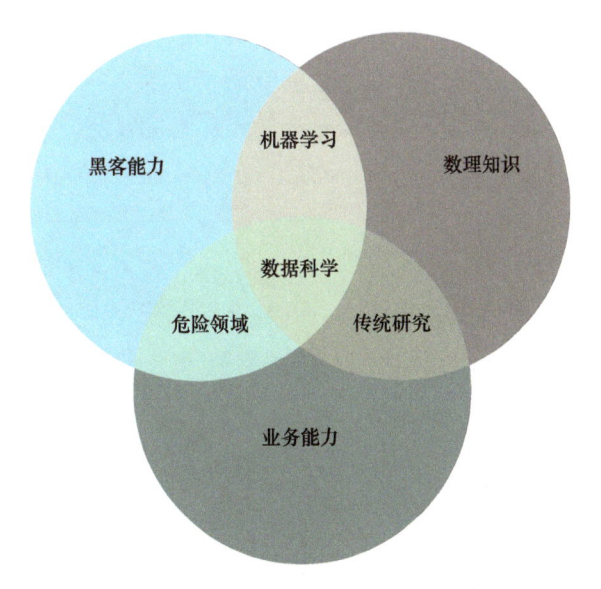

图1-5 数据科学家需要具备的能力

由此可见，数据科学家需要具备比较综合的跨学科的素质。在具体实践中，不同的算法有不同的优缺点，也有各自适应的场景。当面对不同的问题时，应该选择不同的算法模型。然而，在什么情况下选择什么算法模型，该从什么角度去思考这个问题，是值得每一位初学者深思的问题。

## 1.4 数据科学与经营管理

企业在实践中会面临各种经营、管理决策、运营效率等方面的问题，那么企业该如何更好地利用数据经营自己的业务？将数据科学与这些问题相结合，可以把问题归结为三类：数据科学与企业经营、数据科学与企业管理决策、企业运营效率的数据分析诉求。

### 1.4.1 数据科学与企业经营

随着大数据、人工智能相关技术的不断发展，更多的科技公司，尤其是互联网公司（如美团、滴滴）都在争相招募数据领域的人才，帮助企业利用数据发现问题，利用数据分析改进业务，成为数据驱动领域的先行者。这些互联网公司的数据分析应用优于传统企业，这与互联网公司业务变化快、有大量数据领域工程师、可以快速响应业务的变化也有很大的关系。

传统企业也越来越离不开数据科学。比如，传统企业面临的用户端的问题包括：用户研究、用户增长、销售增长，以及产品创新、供应链管理、广告媒体投放等，它们为数据科学提供了丰富的应用场景。

### 1.4.2 数据科学与企业管理决策

管理决策是企业中高层管理者每天都会面临的问题。企业的中高层管理者在进行管理决策时，普遍会基于自己的认知系统（通过在业务领域长期实践形成的认知体系）。

笔者在以往的技术咨询实践过程中，走访了不同行业的大量的大、中、小型企业之后，发现很多企业的管理者（尤其是民营企业的管理者）非常渴望在企业管理决策中应用数据科学。很多新生代管理者，出生于互联网、新技术蓬勃发展的时代，拥有开放的头脑，更是看重数据科学的应用。随着数据科学的发展，企业决策靠"拍脑门"的时代已逐步成为过去。

但笔者在接触航空、汽车、零售、保险等领域的中高层管理者时，发现很多中高层管理者都面临着相似的痛点：不知道如何用数据帮助自己做管理决策，不知道哪些数据、技术能够帮助自己将业务做得更好。同时，很多中高层管理者不了解新技术、新思路及新理念，导致业务不能快速发展。所以企业管理者应该主动了解数据科学，然后才能在实践中运用数据科学。

### 1.4.3 企业运营效率的数据分析诉求

企业除了面临经营问题、管理决策问题之外，还有运营效率提升的诉求，第三类问题涉及企业不同的部门。

技术咨询工作的经历，使笔者有机会接触不同行业、不同部门的业务，在将其做了一次总结之后笔者发现：不同行业或部门面临的问题及数据诉求惊人地相似，并且不同的企业都期望利用数据解决运营效率提升问题。

综合以上三个部分的介绍，容易得出结论：数据在企业的经营、管理决策及运营效率方面都有重要的指导作用。随着现代企业管理水平的提高，企业的中高层管理者在做管理决策时会引入更多的商业分析、数据决策模型，帮助企业更好地进行数据决策。未来，企业应该逐步培养自己利用数据、分析数据的能力，这样企业在未来的发展过程中才能更有竞争力。

## 1.5 通过新技术及 AI 感知未来

互联网、物联网、各类设备不断产生大量的数据，围绕这些数据会不断有更多的应用场景、商业模式及新技术出现。

### 1.5.1　新技术加速发展

互联网新技术在中国发展越来越迅猛，飞速发展的互联网产生并沉淀了越来越多的数据，大数据、数据科学、人工智能、区块链近三年来在中国逐步成为一个个热点。大数据分析并不是业已退潮的趋势，随着数据量的持续增长，大数据分析也在不断进步。通过数据挖掘、机器学习和人工智能技术来分析当前数据，已经帮助某些行业和公司改进了原有的生产作业方式，并将深刻改变我们日常工作方式。

麦肯锡的一份报告分析，中国有超过 1 亿名劳动人口需要在 2030 年前离开原有行业寻找新的就业机会，中国是全球受技术革命影响最大的劳动人口大国，这种行业转移不仅影响毕业生进入劳动市场的问题，也将体现在市场人才转型和迁移上。

### 1.5.2　云端环境变化

如图 1-6 所示，在未来世界，云端会成为新的基础存储方式，数据资源成为新的企业生产要素，更多跨领域业务的出现，促使更多分工合作体系出现，内外部互相渗透，打破了原有的企业组织边界。更多企业的内部、外部创业者，上游、下游领域的合作者都能够在业务渗透发展过程中获得更多的新商业发展机会。数据将会成为企业服务领域新的生产要素，更多企业将利用大数据分析来更好地改善业务。

作为大数据技术基础的云计算技术，其特点主要有：

- 分布式计算：简单地讲就是计算能力并非来自一台计算机，而是分布在网络中任何可用的计算机上。

- 虚拟化：虚拟化使用软件的方法重新定义和划分 IT 资源，可以实现 IT 资源的动态分配、灵活调度、跨域共享，提高 IT 资源的利用率，使 IT 资源能够真正成为社会基础设施，满足各行各业灵活多变的应用需求。
- 网络存储：把网络作为数据存储服务器，只不过用于云计算的 NAS 接入的网络要"广阔"很多。
- 按需使用，按使用付费：用户可以根据自己的需求，购买自己需要的存储和计算能力。

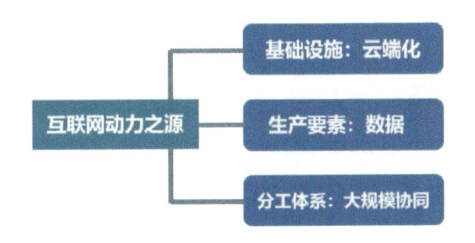

图 1-6　互联网动力之源

云计算按需使用、按使用付费，让使用计算能力像使用电能一样方便。那么，理论上计算机不需要有存储功能了。生产类企业每年会产生大量的数据，这些数据资源的分析、变现也已成为企业迫在眉睫的事情。数据资源这个新生产要素的引入，也对企业的组织变化产生了一定的影响。

### 1.5.3　新技术成熟度与市场接受度

随着互联网新技术的快速更新迭代，企业理解并掌握新技术，将新技术在合适的时间引入企业中，也变成一个紧迫的问题。图 1-7 所示是高德纳咨询公司勾勒出的新技术进入市场及市场接受度趋势图。

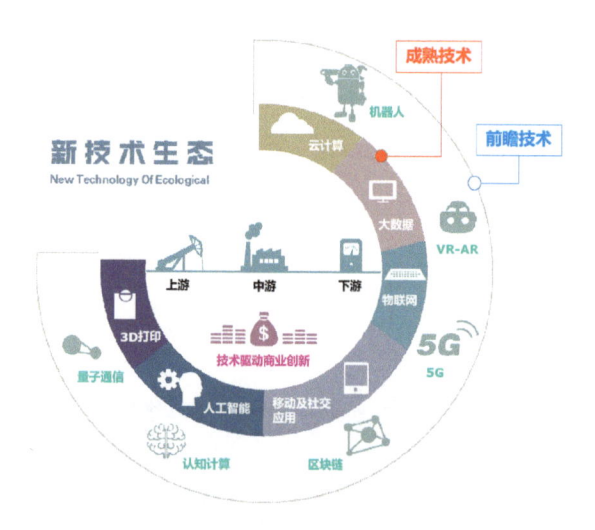

图 1-7 新技术趋势

对企业来说，云计算、大数据、物联网已经进入稳定应用期。大数据分析、人工智能及区块链技术在国内的应用处于快速成长期，并逐步形成壁垒。企业级服务领域，拥有上述核心技能的团队会快速在企业级服务领域构筑新的壁垒，形成新的竞争力。企业（尤其是产业公司）可以根据自己行业特性，有意识地布局相关领域的技术，谋求在未来能够有不错的发展机遇。

### 1.5.4 产业公司的科技机会

研究近几年全球新技术的发展，可以预测未来新技术会在哪些产业领域快速渗透，这些领域包括政府大力支持和推动的智能制造、大数据、数据分析及区块链，还有被众多投资机构认为是下一个"独角兽"的物联网，如图 1-8 所示。

这些新技术正在快速切入更多产业，为庞大的产业公司提供相应的技术服务，更多原有的传统 IT 公司也逐步在这些领域进行布局。从更长远的投资角度来看，未来的机会属于那些有前瞻性，并且能够审时度势，在合适的时机引入新技术的企业、组织或者个人。顺势而为,方能跟上趋势快速发展。

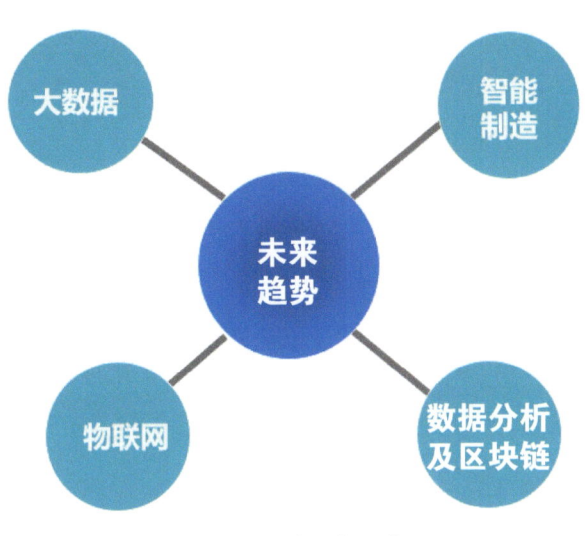

图 1-8　未来的新机会

# 第 2 章

# 用户行为漏斗及营销科技

我们的生活就像旅行,思想是导游者,没有导游者,一切都会停止。目标会丧失,力量也会化为乌有。

——歌德

随着信息技术的蓬勃发展，越来越多的企业在现有发展基础上相继引入了机器学习、人工智能等相关技术，重新诠释了对用户、市场、产品创新的认知并开拓了更广泛的领域。

本章将重点介绍营销科技的定义及内涵、用户的四个层级、用户行为预测。在此基础上，进一步探讨用户行为研究的两个重要主题：用户购买决策及路径渗透、用户生命周期价值营销。

在传统市场营销学中，用户行为漏斗勾勒出的用户转化路径分为 5 个阶段：发现→思考→评价→购买→使用，如图 2-1 所示。

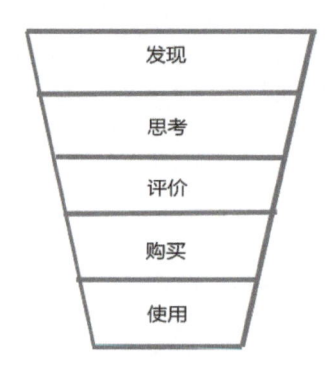

图 2-1　传统用户行为漏斗图

本书即将提到的营销科技理论尽管来源于传统用户行为漏斗模型，但是在原基础上更多地考虑了如何更紧密地结合行业产品属性，制定一整套科学的用户运营和营销体系及方法论，采用了更实用、更科学、更合理的分层方式，完善了用户行为漏斗的应用思路，扩展了其应用场景。本书中营销科技的用户分层重新定义了用户（群体），并以用户预测分析为核心能力，引入 AI 技术对每种用户群体进行精细分析、数字化运营。

我们将传统用户行为漏斗模型进行改造，结合当前互联网发展的现状，得出一个用户双漏斗模型，如图 2-2 所示。

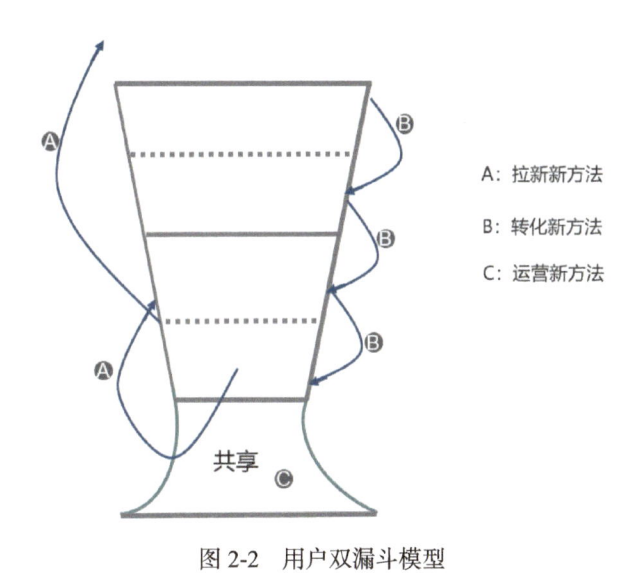

图 2-2　用户双漏斗模型

A：拉新新方法
B：转化新方法
C：运营新方法

双漏斗模型针对企业面临的拉新（招募新会员）、运营、转化等环节，为企业提供了新的思路及方法。

## 2.1　营销科技的定义及内涵

营销科技指企业利用数据科学、人工智能等技术，将传统用户行为漏斗模型、消费预测分析、用户分群及运营结合起来得出的对用户进行分群、管理、运营的一套思路及方法。

如图 2-3 所示，双漏斗模型是营销科技的实际应用。双漏斗模型不但适合电商渠道，也适合其他渠道（虽然对于很多企业而言，其他渠道并不像电商渠道那样有足够的数据进行优化）。

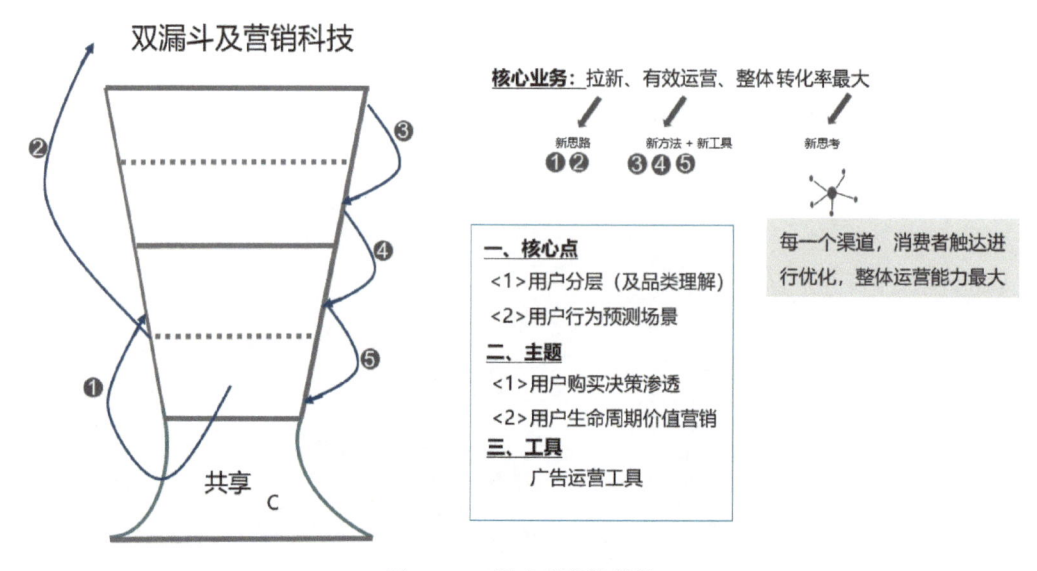

图 2-3　双漏斗及营销科技

接下来我们介绍双漏斗模型的两个核心：用户分层及用户行为预测。

## 2.2　用户的四个层级

一般来说，在营销科技中用户可以分为四个层级，如图 2-4 所示（但因为有不同的产品属性、不同的用户特征和消费频次，不同的企业用户行为模型会呈现出不同的漏斗或者漏桶形状，企业应根据自身情况定义不同的用户分层）。

这四个层级为外部用户、注册未转化用户、有效用户、核心用户，四个层级的含义如下。

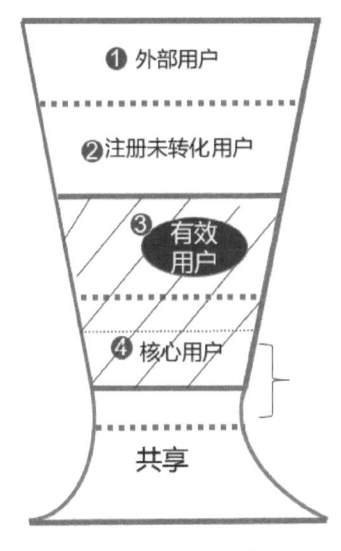

```
        ❶ 外部用户
    ----------------
        ❷ 注册未转化用户
    ----------------
        ❸ 有效
          用户
    ················
        ❹ 核心用户
    ----------------
           共享
```

图 2-4　四层用户模型

（1）外部用户：点击过企业广告或者接触过企业产品、服务的用户，都可以称为外部用户，也可以称为潜在用户。某些竞争对手的用户，虽然不是自己的用户，但也可以当作要争取的外部用户。对于外部用户群体，在某些场景下，可以对其进行预测分析，促使其向下一层转化。在快速消费品、零售行业中，采集特定投放渠道的点击、浏览数据，分析该投放渠道中哪些用户标签会影响点击率，找出和点击率有强相关性的标签，进而帮助企业针对特定渠道的广告投放进行优化。

（2）注册未转化用户：该层用户是在企业平台注册或登记过的用户群体，通过对注册登记用户的数据进行整合并预测分析，找出潜在的可进一步转化的高质量潜在用户，提供相应的策略，促使更多用户进行转化。该层的数据多来自网站和 App。

（3）有效用户：有效用户指发生过购买行为的用户群体，只要购买过企业相关产品的用户都可以称为有效用户。企业的有效用户，一部分是从漏斗顶部一层层转化而来的，企业通过有效的运营，将其转化为购买者。促进用户转化有很多种方法，比如通过其他用户的分享刺激潜在用户成为有效用户。很多用户在购买产品后喜欢去分享体验，且很多人在做决策时会受身边人的影响（丈夫受妻子的影响，小孩受其他孩子的影响，情侣受其他情侣的影响等）。对于有效用户，需要防止用户流失。行业研究认为，在购买过产品或服务的用户中，70% 的用户会发生流失。利用潜在用户流失模型，找出可能会流失的用户群体，根据可能会流失群体的偏好，提供相应策略，减少用户流失。一般来说，在线上，网站注册页、交易页是最容易导致用户流失的地方，通过优化这些页面可以降低用户的流失比例。在线下，提供用户服务的环节是最容易造成用户流失的，这也是需要优化的环节。

（4）核心用户：核心用户属于有效用户的一部分。核心用户指那些熟悉企业的产品和服务，并在使用产品和服务的过程中了解产品优缺点，知道企业需要改进的地方的用户群体。核心用户的特点是爱分享、参与感强。该类用户群体是企业最需要关注的。这是因为：其一，核心用户拥有丰富的消费经验，可以帮助企业更好地了解自己产品和服务中的缺失部分，有助于改进产品缺陷。其二，核心用户熟悉该产品，更愿意分享产品给身边的亲人、朋友，他们带来的有效用户胜过通过广告投放从外面吸引来的用户。利用激励分享机制可以让核心用户给企业带来更多的有效用户。当然，还有一类群体，本身不是企业原有的消费群体，但是具备爱分享的特征，所以也可以算核心用户群体。比如某些产品的 KOL（关键意见领袖）等。

实践证明，营销科技用户分层作为用户行为研究基础，适用于不同的行业，但在不同行业中具体应用的时候，需要根据具体的产品属性、用户行为等，对用户分层做一些修改，使其更加适合本行业。

### 2.2.1　双漏斗模型及用户的转化

双漏斗模型中有四类用户：外部用户、注册未转化用户、有效用户、核心用户。营销科技重点研究这四类用户群体的转化。

如图 2-5 所示,双漏斗模型提出四种转化方式:

(1)研究企业已有的有效用户(有购买行为的用户均可归为此类),根据有效用户的行为特征,通过 Look-alike 模型(一个算法模型,可以帮助企业从外部找到类似人群,我们会在后面详细介绍)找到更多潜在用户。

(2)外部用户向注册未转化用户的转变。

(3)注册未转化用户向有效用户的转变。

(4)企业的核心用户带来更多有效用户的转变。

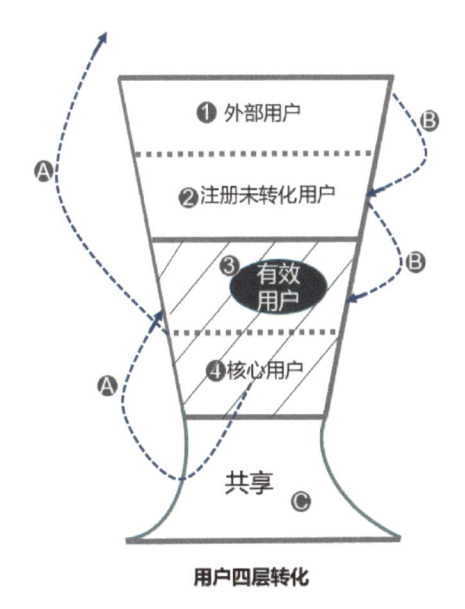

图 2-5 双漏斗模型及用户的转化

针对每一种转化,本章都会介绍相应的思路、模型方法及策略促使该部分转化的完成。

企业根据以上分层转化思想,研究自己企业产品属性特点,将企业的用户群体进行分层,并且定义出每个转化层级用户转化的优化策略及方法,就可以定义出自己品类的以用户为核心的营销科技模型。在具体实践中,企业根据需求,可以选取以上分层的某一个层面,进行项目的落地。比如,可以单纯研究第一个环节:预测哪些用户可能会购买。

双漏斗模型成为企业将 AI、预测分析与用户转化连接起来的一套成体系的思路及方法,在不同行业、不同品类中都可以使用。但是,在企业实践过程中,某些特殊品类产品的用户行为转化并不是漏斗状的,而是漏桶状的。漏斗状和漏桶状的用户行为模式,在应用上面提到的用户分层策略时差异巨大。

### 2.2.2　用户漏斗与漏桶的使用限制

不同行业的企业,销售的产品、服务的属性不一样,用户的消费也各有自身的特点。

仔细思考一下就会发现,糖果类用户的行为模型是无底的桶状的,用户群体的特点是忠诚度低、流失快(据有关数据统计,接近 50% 的用户会在一年内流失掉),这类快速消费品的生意模式是,更注重用广告的渗透来促进转化,而不是依赖漏桶中的某些环节来促进转化。矿泉水、牛奶类用户的行为模型则是细长的漏斗状的,这些品类可以使用上面提到的用户双漏斗模型及用户分层策略。

那么,该如何理解用户漏斗与漏桶的差异?针对用户不同的行为模式,企业如何更好地服务好用户,促进销售额的增长?

用户行为漏斗在传统的教科书上提及用户要经历发现→思考→评价→购买→使用的过程,企业在用户的转化过程中可能会有各类运营和营销活动,只要中间环节有优化,整体转化效率就会提升。该类用户的消费特征为:有一定的消费频次,有一定的刚性需求,会持续购买。

根据对用户行为的研究，我们总结出用户的消费模式有漏斗、漏桶两种。对于不同类的消费模式，在针对用户进行运营时应该采取不同的策略。

用户行为漏桶模型（一般适合快速消费品行业产品）则从某个侧面体现出该品类用户对产品的不忠诚，用户购买过一次后，在一年之内就再选择其他同类产品。比如巧克力、糖果等食品，其用户模式就是漏桶状的。漏桶状品类用户消费特征有：非刚性需求，冲动性消费，黏性很弱。据有关数据统计，漏桶状产品每年会有50%以上的用户只购买一次，转而投向其他产品，所以该类企业往往需要花费更多时间触达更大范围新的用户来促进销售额的增长。

研究企业的用户行为特征，分析自己用户的行为特征是漏斗状、漏桶状，还是其他形状，是帮助企业理解用户行为特征，制定相应的持续增长策略的关键。对于漏斗状用户行为特征的品类，比如酸奶、美妆品类，做好流失预测，用促销增加复购率等运营增长方法会是比较好的选择；对于漏桶状品类，比如糖果等客单价低、消费频率低的品类，传统的做法是通过足够大的渗透率来驱动增长，而预防流失、增加复购率可能不是很好的运营方法。

## 2.3 用户行为预测

前面介绍了用户分层模型，每一个层级都有对应的用户行为。这四个用户行为场景，主要针对用户分层中的注册未转化用户、有效用户部分。

（1）预测潜在用户：收集整理销售数据，研究与企业接触过的用户群体，利用预测分析等技术，预测出用户购买的概率，输出潜在用户清单及各自的购买潜力。

（2）用户分类：针对与企业发生过交易的用户，进行用户分群、分类，对不同类别的用户制定不同的营销策略，使用户能持续进行复购，并减少用户的流失。

在具体工作中有很多分类方法，有 RFM（最简易的用户分群模型，后面章节会有详细介绍）等传统方法，还有预测性分类等方法。基于用户的分类，其实还可以衍生出很多更深入的模型，如用户复购模型、运营优化模型、卡券分析等。

（3）用户流失预测：对于有过购买行为的用户，利用流失预测模型，研究并找出未来可能流失的用户群体，针对可能流失的用户群体，采用有针对性的策略，打造相应的运营服务模式，减少用户的流失。

（4）Look-alike 拉新：针对有稳定、持续购买行为的用户群体，研究其用户特征，根据这些特征，使用 Look-alike 模型在外部找到更多类似的用户。该模型被广泛应用于广告投放领域，广告投放领域的 Look-alike 模型指企业利用一些聚类分析（Cluster）相关的模型，通过自身沉淀的用户相关数据，勾勒出企业用户画像。

## 2.4　用户购买决策及路径研究

如果说对用户行为漏斗的研究是为了帮助企业理解用户的消费特征，在宏观上制定正确的增长战略，那么用户购买决策及路径研究，就是帮助企业在微观上理解影响用户购买决策的因素，让增长工作能够更接地气，取得好的效果。

本节作为营销科技的扩展及补充部分，主要研究中国用户购买决策的隐含模式、中国一二三线市场的划分、用户渗透过程的可视化（形象的比喻，用户从接触产品到购买的整个过程的可视化过程，就像沙漏里的沙子从顶部往下漏一样），以及用户决策路径可视化。这些研究对企业来说可以起到以下作用：

（1）对于中国用户购买决策可能隐含的模式的研究及探索，能够帮助企业很好地利用这一隐含规律，在市场分析决策方面发挥作用。

（2）对于中国用户一二三线市场结构的研究，能够让企业更好地理解不同层级市场的特点。企业做用户研究的时候，应该基于对大的市场环境分层结构的理解，对用户进行更深入的分析。一切数据分析，都应该建立在正确的商业分析、客观正确的逻辑推演之上。对一二三线整体市场环境的理解及把握，能够保证企业在正确的方向上做分析。

（3）对于用户购买决策路径的可视化研究，能够更好地使用户在用户行为漏斗过程中的转换环节可视化，企业可以更清楚地知道有哪些核心关键点能影响用户的购买决策，在哪些关键环节用户可以随时发生流失，以及针对不同的关键点给用户什么样的活动进行营销。

### 2.4.1　用户购买决策的秘密

在中国用户进行购买决策的过程中，存在一个隐含模式：用户购买决策很容易受到身边的亲属、朋友的消费行为的影响。例如，在家庭中，妻子影响着一家人的消费决策。在西部的某所中学里存在这样一种现象：在"00后"的高中学生中，男生普遍是小米手机的粉丝，女生普遍是华为手机的忠实用户。在同事面前、朋友圈中，有人买了什么东西后进行了分享，他的同事或微信好友就会去阅读他的购物体验报告和评论，紧接着去购买同样的产品。在用户圈子内部，很可能存在着一致的消费行为。

根据上面例子不难推导出这样的结论：具有相似的社会背景、个性、兴趣特征的人容易产生相似的消费习惯，用户在做购买决策的时候会受到身边人的影响。

最近比较火的社交电商平台拼多多，就很好地利用了一级社交属性的用户决策方式，拼多多App以打折的形式为潜在用户让利，让购买者选定商品后把链接转发到微信朋友圈中，让朋友圈中的朋友帮忙砍价，这就在不经意之间拉到了新的用户，而用户也得到了一定的优惠，这样就快速实现了品牌曝光。企业在进行用户运营的过程中，需要深刻了解中国用户购买决策的这个隐含的模式，并利用这个模式，在自己产品的销售环节中提升用户的购买体验。

### 2.4.2 一二三线市场结构现状

研究完个体用户消费决策中的隐含模式，还要了解中国一二三线市场的用户消费特征。移动互联网的普及速度，也引起了中国用户消费方式的变化。企业对大众市场、分级市场的深入理解，能够更好地帮助企业制定相应的用户选择策略，帮助企业做到事半功倍。

如今，大多数人至少拥有一部手机，用户拥有的手机数，反映了在中国这个复杂的多元化市场中互联网渗透率的参差不齐。国内二线、三线城市的人口数量庞大，而手机数量有限，这表明二线、三线城市中存在着未被发掘的商业机会。

随着国内经济的发展，对一二三线城市用户的深入理解，能够帮助企业在合适的时机选择进入正确的市场渠道。在进行市场分析的时候，也可以充分利用手机数统计等相关数据，作为开拓市场时的参考。

### 2.4.3 用户渗透过程可视化

在用户行为漏斗模型中，在不同阶段的用户具有不同的特征。一部分用户可以最终进入实际交易环节，另一部分用户则流失了。"渗透"是一个很形象的比喻：用户接触企业产品、浏览产品页面、下单的整个过程，就是一个逐步渗透的过程，在此过程中的任何一个环节，用户都可能会发生流失。用户进入用户行为漏斗之后的渗透过程如图2-6所示。

以电商渠道为例，在渗透过程中，用户在页面入口处、跳转处、支付入口处等任何一个关键节点都可能发生流失。对于有电商网站的企业，可以在网站的相应页面中，进行相应的数据埋点，采集相应的数据，这样用户在购买路径中各个环节的流失情况会比较清晰，利于企业发现线上哪些环节可能出现问题。

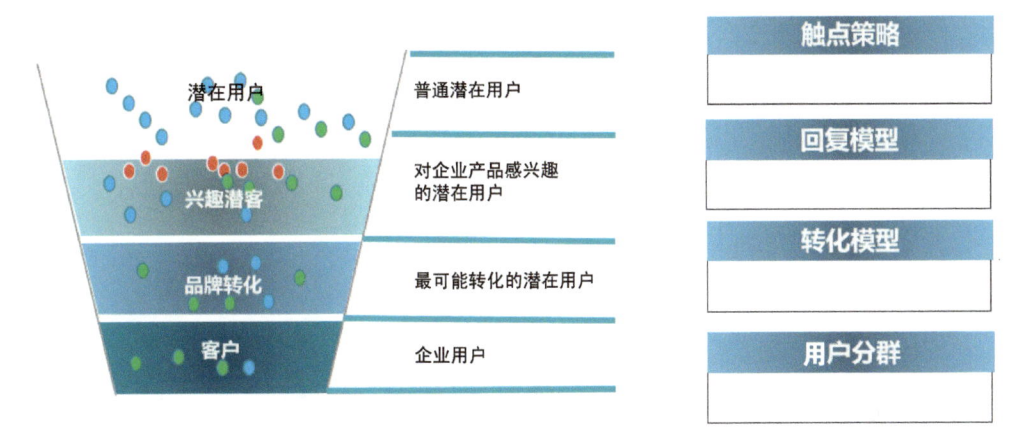

图 2-6　用户渗透过程

## 2.4.4　用户决策路径可视化

用户决策路径可视化，是指通过浏览器、电商平台入口或者线下入口，在用户从决策到购买的整个过程中进行监控，并对整个过程做可视化处理，如图 2-7 所示。

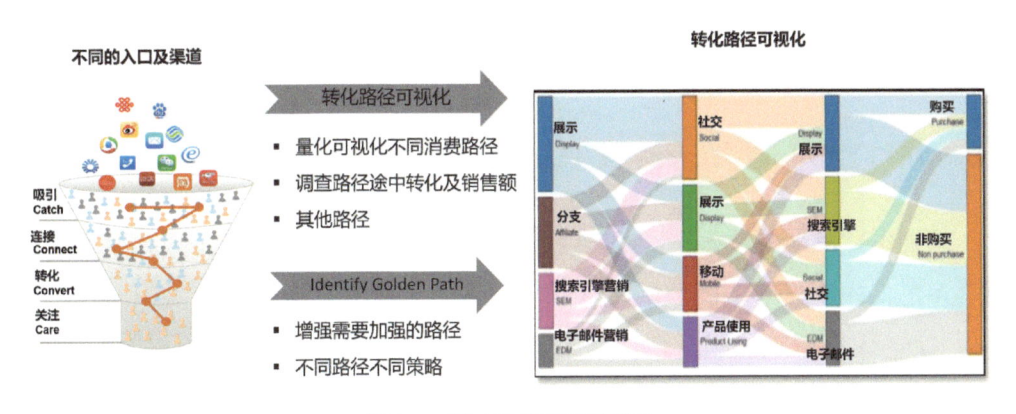

图 2-7　用户决策路径可视化

用户决策路径可视化能够帮助企业更加清晰、直观地发现哪些领域需要多投入资源,哪些领域需要适度减少投入。

在具体实践中,大多数企业其实很难做到用户路径完全可视化,但是可以按照这种思路,研究各种线上、线下的入口,研究转化及流失环节,对局部可控部分进行相应的优化。

## 2.5 用户生命周期价值营销

用户生命周期价值(Customer Lifetime Value,简称CLV)营销,是对于已经发生过购买行为的用户,判断他们未来是否会持续购买自己企业的产品,以及他们可能给企业贡献的销售额有多大,进而制定营销策略。

对于用户生命周期价值的计算,企业在实践中,一般会利用统计预测分析模型来估计用户未来购买企业产品和服务产生的销售额,针对未来贡献值不同的用户提供差异化的服务。用户生命周期价值营销模型采用的指标,主要包括用户的自然属性数据、历史购买交易相关数据、特征数据、行为数据,以及外部经济指标数据。该分析模型的主要用途是用来估计用户终身价值,帮助企业思考接下来需要在该用户身上投入多大金额。

## 2.6 用户广告运营工具及 PaaS

每家企业都需要管理并应用好自己的用户数据,并且要和用户及时互动,沉淀更多的相关数据,这样才能够给用户提供更友好的交互体验。

### 2.6.1 通用的用户广告运营产品思路

企业要管理好自己的用户数据,将用户进行分群。对于不同的用户群体,需要有针对性地在特定的时间、特定的地点，或者特定的场景中试探性地投放合适的内容。在投放内容的同时，如果能够提供某个跳转页面（可以通过 HTML5 页面埋点技术采集用户信息），将用户引导至某个共享小程序，并能够对整个投放转化环节进行有效、实时地分析，即可实现品牌广告的有效投放这一目的。

PaaS（Platform as a Service，平台即服务）是给同一个行业的不同企业提供智能用户运营的工具，企业利用该平台可以对从各种渠道进入的用户进行有效管理、运营，进行创意广告的投放及分析等，如图 2-8 所示。

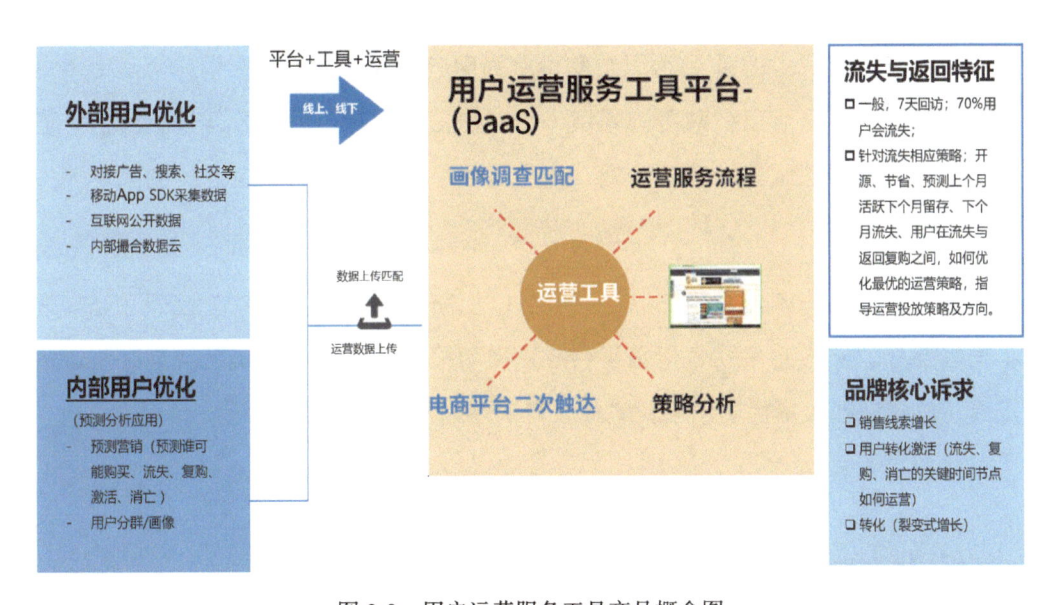

图 2-8 用户运营服务工具产品概念图

利用该用户运营服务平台，企业可以做到以下几点。

（1）基于场景的运营：针对种类繁多的各类场景（如节假日场景），分解对应的市场和人群，制定出针对不同群体的各种互联网运营策略。

（2）裂变式增长：利用裂变式增长的插件，快速进行内容的传播。

（3）数据沉淀及分析：通过对传播路径相关数据的分析，可以迅速找到核心传播者、分享者等。

该运营服务平台，可以扩展为企业使用的一站式 PaaS 平台，它具有以下一些明显特征。

（1）一站式 PaaS 平台可以帮助企业实现线上、线下用户数据沉淀，生成用户分群画像，优化运营策略。

（2）一站式 PaaS 平台聚集、整合了海量的创意机构，可以帮助企业对接各类运营素材平台，进行个性化广告投放。

（3）一站式 PaaS 平台可以帮助企业为用户群体分类，企业用户可以上传企业用户数据，平台可以针对不同渠道（比如短信、邮箱、微信公众号、天猫）进行运营服务数据的采集、实时分析、用户路径可视化等，帮助企业找到用户流失点、流失方向。

目前还没有一家公司的产品能够覆盖以上所有的领域，但有些公司已经实现了某些部分。未来的 PaaS 运营平台应该有明显的集成性：集成各类互联网运营工具；集成外部大量优质创意；集成大量销售线索。

## 2.6.2　线上、线下打通的运营方案

企业在做用户运营解决方案时，都期望能够把线上、线下途径打通，进行一体化的运营。对大部分企业来讲，线上、线下一体化运营思路将变得更加重要。

### 1. 统一的用户标签及运营策略

企业通过在线上、线下对用户数据进行埋点、采集，并将其引流到企业用户数据库中，管理好用户数据，根据用户的具体情况，制定不同的营销策略，提供相应的数据运营服务。通过对整个项目的规划、执行、监控、收尾及经验总结，

来找到适合企业的用户运营解决方案。

图 2-9 展示的是企业通过全渠道（指能接触到用户的所有渠道）打通，构建用户数据库，并且给用户贴上标签。有了这些标签之后，就可以对不同的用户，有针对性地进行运营上的优化，并制定相应的营销策略。

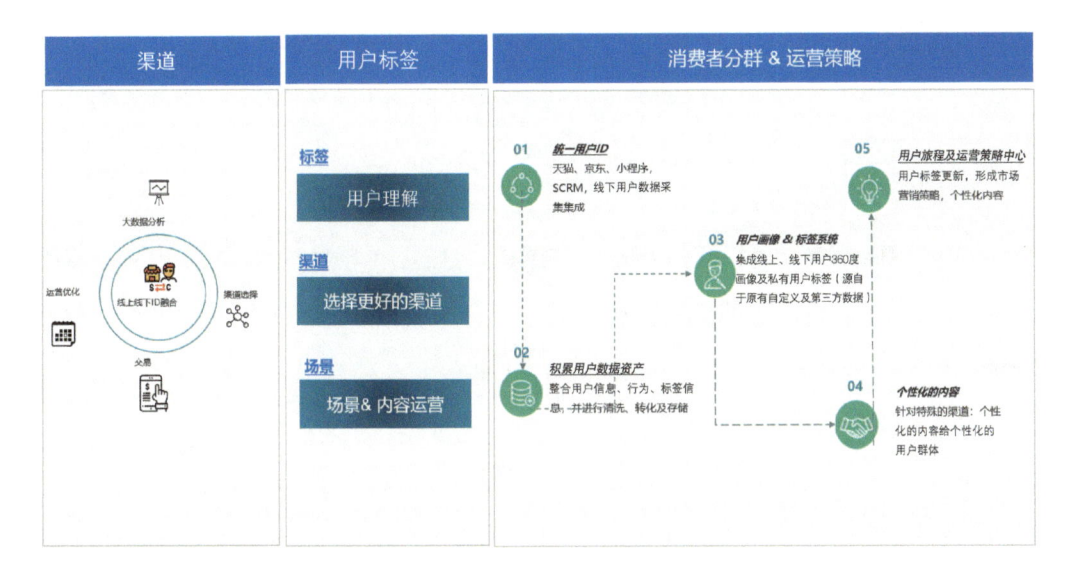

图 2-9　统一的用户标签体系及运营策略

## 2. 全渠道的打通及运营实施

企业要构建统一的用户标签系统并在运营中实际应用，需要经历两个主要阶段：线上、线下触点的打通过程；运营与营销自动化的过程。具体来说，可以分为四个步骤，如图 2-10 所示。

1）线上触点

在微信公众号（服务号）、小程序、微博、电商平台、多媒体资料中埋点，采集用户数据并存入用户数据库。

```
                    ┌─────────────────────┐
                    │  线上线下打通的四个步骤  │
                    └──────────┬──────────┘
        ┌──────────────┬───────┴───────┬──────────────┐
   ┌────┴────┐    ┌────┴────┐     ┌────┴────┐   ┌──────┴──────┐
   │ 线上触点 │    │ 线下触点 │     │运营自动化│   │广告营销自动化│
   └─────────┘    └─────────┘     └─────────┘   │(用户运营PaaS服务平台)│
                                                 └─────────────┘
```

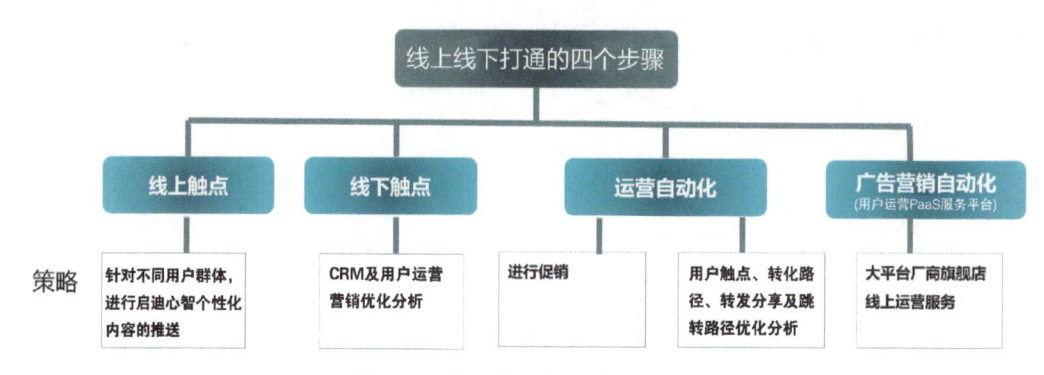

| 策略 | 针对不同用户群体，进行启迪心智个性化内容的推送 | CRM及用户运营营销优化分析 | 进行促销 | 用户触点、转化路径、转发分享及跳转路径优化分析 | 大平台厂商旗舰店线上运营服务 |

图 2-10　线上线下打通的四个步骤

**2）线下触点**

在线下活动中，可以通过活动的二维码、RFID（射频识别），将用户流量引到线上。在节假日持续的广告投放活动中获得的销售线索，也可以被采集、分析并利用。

**3）运营自动化**

利用一站式运营服务工具，一端连接外部创意内容，一端连接企业。企业可以利用外部资源平台引入一些内容、创意，应用于用户运营。有一定技术能力的企业，也可以根据自己的技术实力及业务特点进行个性化开发。

**4）广告营销自动化**

企业可以根据自己的实际情况选择使用广告营销工具，也可以自己开发适合企业情况的广告营销工具，实现广告营销的自动化。

# 第 3 章

# 企业用户增长及转化激活

获客能力和获客成本直接决定了企业的生存空间和利润。

——佚名

从 2018 年开始，国内互联网开始进入"下半场"，互联网企业需要从粗放式运营向精细化运营转变。更多传统企业也同样面临行业从粗放化运营向精细化运营转型的阶段，二者具有一定的相似性，所以本章从用户增长、转化、激活及流失的角度来介绍企业如何更好地盘活企业的用户相关数据。

营销科技的核心是研究企业的用户群体，针对用户群体，以用户增长及转化为核心，可归纳出企业需要关注、研究的以下五个部分。

1. 企业拉新

企业拉新也被称为用户增长，是所有企业都必须思考的一个主题。市面上有很多关于拉新、增长黑客的书，提供了大量的关于用户增长的策略和方法。对企业而言，在考虑并尝试这些用户增长手段时候，需要考虑到自己产品以及用户的特性，进而制定相应的策略。用户增长策略是企业需要不断探索的过程，也是持续迭代的过程。

2. 做好用户优化，搜索高质量潜在用户

企业可以利用从企业内部、外部接收到大量的销售线索，优化用户群体，搜索大量潜在用户。

3. 减少流失，增加复购率

产品的品类有很多，针对不同品类的运营策略，在流失率、复购率上的侧重点不一样，但是无论什么品类，都存在减少用户流失、增加用户复购的业务需求。

4. 抓核心用户，激活有效用户

企业的核心用户指的是喜欢企业的产品或服务，愿意帮助企业做分享的用户群体，通过对核心用户的激励，可以带动更多的用户增长。

5. 有效的运营

企业要认清楚目标用户，知道要针对谁来运营，通过科学的方式评估数据，并利用数据去优化运营工作。

## 3.1 企业拉新的三种方式

面对当前流量日益变贵的情况，更多的企业都希望能够有更好的方法找到更多优质的、可以转化的用户。但是，企业更多的拉新方法还是基于原有的CRM（用户关系管理）系统的思路。大部分企业对利用外部资源进行拉新没有足够的认识。

企业拉新可以通过以下三种方式：（1）利用互联网数据寻找新的销售线索，构建企业的第一方流量池；（2）企业通过异业合作（企业和不同行业的企业进行合作），进行异业拉新，寻找到更多潜在用户；（3）企业通过整合自身各个用户接触点的用户数据，利用各种技术手段获得更多潜在用户。这在企业中应用较为普遍。

1. 构建第一方流量池

企业构建第一方流量池，指企业要构建自己的用户大数据库，不光要从企业内部整理用户数据库，还要从外部海量数据中搜寻并找到企业的潜在用户，把用户数据补充到用户数据库中。

企业要构建第一方流量池，需要从外部互联网中搜寻更多用户，从外部互联网搜寻用户一般有以下方法。

（1）利用爬虫技术爬取相关网站、论坛中的数据，搜索潜在用户（要在合法的情况下）。

（2）将合作伙伴企业的用户群体，作为自己用户增长的一个来源，企业可以直接在合作伙伴平台上进行用户运营。比如，某些企业可以在阿里巴巴的数据银行中找到自己的用户，某些企业可以在视频网站上搜到讨论自己产品的用户。

（3）通过获取外部数据或者潜在用户数据的方式，补充企业的第一方流量池。外部用户数据的获取可以通过和外部数据采集方（如科大讯飞、火狐浏览器、猎豹浏览器等）合作，这些采集方能够帮助企业找到外部用户的搜索关键词，还有比较精准的外部搜索用户的标签类数据。这也是利用第三方企业进行用户数据获取的一种新的方式。

需要注意的是，某些公司号称有近千个用户标签的数据，但是对企业而言，如果要使用外部标签数据，在项目启动之前，一定要研究一下其数据源、数据质量等，判断是否可以满足自己的需求。

2. 异业拉新

异业拉新是企业通过和其他行业的企业进行合作来增加新用户的方法。在具体实践中，企业可以通过与非同行业，但是用户群体有交叉的企业进行数据运营服务的合作，实现企业交叉用户群体的增长。比如，银行和保险类企业的共同用户会比较多，因此，银行和保险类企业可以合作，共同进行广告的投放等。保险公司和航空公司合作，可以利用双方的数据库，进行绑定式交叉销售，或者做广告投放。航空公司在销售机票时，也会卖保险产品，甚至保险公司的理财产品。在具体操作层面，企业也可以构建双方合作的私有云用户运营数据库，做交叉销售及运营服务等，如图 3-1 所示。

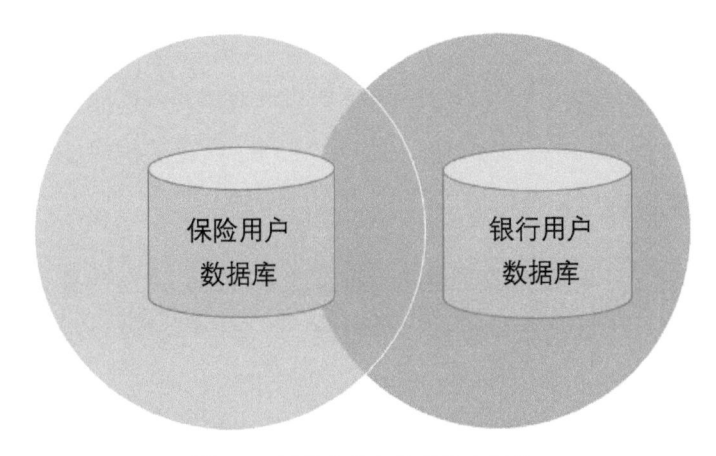

图 3-1　异业合作与共有用户群体

这种方式的一个优势是不需要将合作伙伴的用户数据装到自己的用户数据库中，就可以找到对方和自己用户的交集群体，针对该群体进行营销、运营。

从商业起源至今，异业拉新在中小店铺中一直存在，只不过合作方式各异。企业也可以从古老的商业文明中寻找经验，利用新的数据和新的思路、方法来改进企业原有的做法。

3. 企业内部拉新

对企业而言，一般都会有很多和用户接触的触点，这些触点包括：电商平台、公众号、线下门店入口、各种二维码入口等。

企业都希望能够有更多的高质量潜在用户，针对高质量潜在用户，企业可以开展有效的运营活动。根据企业的实践，下面列出企业搜寻潜在用户的几种方法。

（1）Look-alike 模型拉新：通过研究本企业用户的画像特征，从外部合作伙伴的大数据平台中找到更多和企业用户相似的潜在用户。

（2）用户线索拉新：通过企业的论坛、网站，以及外部电商平台等，都可以找到高质量潜在用户。

（3）渠道用户预测：研究通过某个渠道和企业接触过的用户，找出哪些是可能购买企业产品的潜在用户。比如，针对企业门店渠道的销售线索，利用分析技术，可以有效找出更可能转化的用户。

（4）分享者拉新：在企业的用户运营过程中，因为企业能提供启迪心智的内容、优质的产品、能带给用户收益的服务等，很多高质量潜在用户愿意在朋友圈中分享与企业相关的内容。企业在运营过程中，可以针对这个分享过程进行埋点，采集数据，找到分享者，分享者也属于企业应重点运营的一个群体。

## 3.2 内外部用户的不同优化方向

内外部的用户优化，主要是指企业对外部用户增长、内部用户转化的优化。

外部用户的优化，主要指企业研究更广范围内潜在用户的线索，并从中找到优质用户的线索帮助企业做用户增长。内部用户的优化，主要指企业内部对用户进行激活、转化、运营需要的一些核心的方法、技术及思路。

在企业外部用户优化方案中，应用于用户增长的包含两大部分：（1）利用外部数据。企业可以对接外部广告、搜索、社交、营销数据，竞争对手周边的用户群会成为企业潜在用户的重要来源，可补充进企业的第一方用户流量池。（2）与数据拥有方合作。主要指企业可以和外部数据拥有者或合作伙伴合作，利用数据拥有者或合作伙伴和企业业务相关的数据，帮助企业补充更多用户线索。

在内部用户优化方案中，应用于企业的用户激活方案，主要指不同企业之间，共建内部数据云，通过共建内部数据云，建立共享的用户池，应用于运营、营销、产品创新等领域。

近年来，随着短视频"带货"能力的提升，更多企业也将短视频、自媒体渠道的创新作为企业做外部用户优化的一个途径。未来，与短视频相关的用户线索，更多新渠道的用户线索，都可以作为用户线索进入企业的第一方用户流量池。

## 3.3 智能营销数据库建设

企业找到更多内部、外部用户销售线索之后，企业会构建营销数据库，有了用户数据库之后，可以进一步针对用户运用相应的激活、转化类策略。用户激活的前提是，企业通过多媒体、多触点，接触到更多的潜在用户，这些触点包括线上场景（微信公众号、小程序、电商平台、官方网站、App、天猫旗舰店、京东商城等）和线下场景（线下店铺、服务站门店、活动场地等）。企业将这些场景的用户数据库进行统一建设，构建用户营销数据库。

企业在建设用户营销数据库时，除了CRM相关数据等容易采集到的数据外，经常还面临在线上、线下进行埋点采集的数据。下面介绍两种在线上、线下采集数据的方法。

1. 线上数据的采集

对于线上部分，在触点页面（HTML5页面）进行埋点，采集用户行为相关数据。

2. 线下数据的采集

线下数据采集分为两部分。

（1）线下触点二维码扫描引流。线下触点处设置有二维码，用户通过扫描二维码，进入 HTML5 页面，进而跳转到电商运营小程序。企业应定制一个通用的小程序入口，做卡券、传播、流量、游戏类工具，这里也可以是依托小程序或者公众号的一个流量集结平台。

（2）线下活动埋点采集数据。企业可以在线下活动中，采集参与活动人员的数据，后续进行精准广告投放，或者潜在用户特征查询等。

企业应对线上、线下数据进行埋点采集、集成及整合，建设企业统一的营销数据库。针对该数据库，可以总结出线上围绕用户的运营服务模式，如图 3-2 所示。

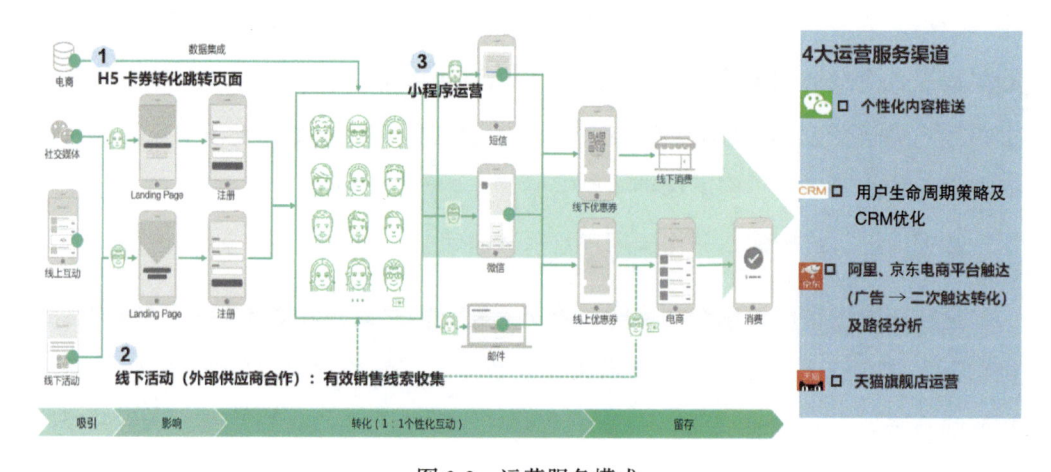

图 3-2　运营服务模式

基于线上、线下用户数据集成整合，企业可以进行用户数据库建设及营销，这样能更好地激活企业内部用户。在具体执行层面，将用户进行分群，根据不同群组的用户偏好，进行相应的策略分析，有针对性地提升用户重复购买行为的发生频次。

## 3.4 用户增长与转化

营销数据库的应用,重点在于解决企业用户的增长、留存及转化问题,帮助企业有效运营。整理完营销数据库之后,针对企业用户增长、留存及转化问题,我们定义出五大类用户,针对每一种用户群体,进行相应的用户优化,提出与之相对应的营销及运营策略,如图3-3所示。

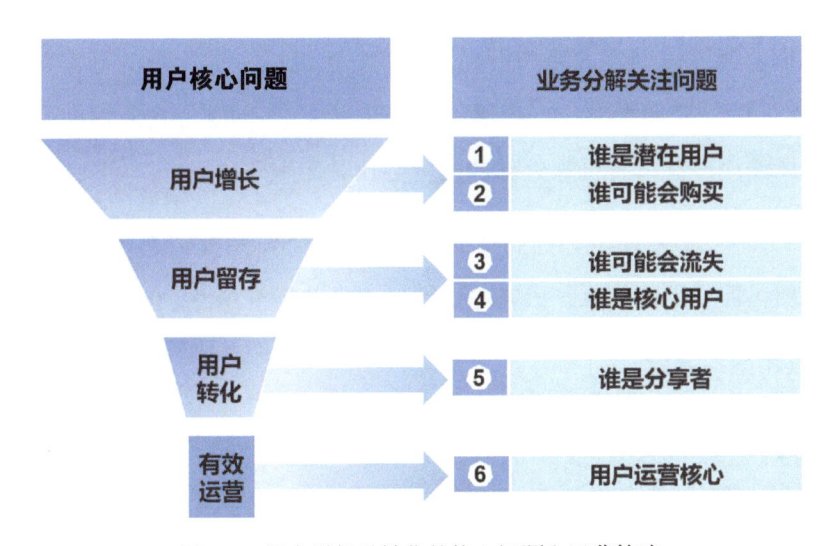

| 用户核心问题 | | 业务分解关注问题 |
|---|---|---|
| 用户增长 | 1 | 谁是潜在用户 |
| | 2 | 谁可能会购买 |
| 用户留存 | 3 | 谁可能会流失 |
| | 4 | 谁是核心用户 |
| 用户转化 | 5 | 谁是分享者 |
| 有效运营 | 6 | 用户运营核心 |

图 3-3 用户增长及转化的核心问题和运营策略

### 1. 用户增长

用户增长部分需要重点关注的问题是,谁是可能的潜在用户,谁是企业近期需要关注,并通过运营可以促使其转化的高质量潜在用户。

1)谁是潜在用户

通常意义上的潜在用户线索,指企业在和用户在各类触点、渠道接触时,用户有意识或者无意识留下来的各类数据,其中包括在企业网站、电商平台留下的信息,在搜索入口、社交平台、小程序及各种场景中留下的用户数据等,这些都可以作为企业的销售线索。

前面介绍过企业拉新的三种方式，其中企业内部拉新的方式之一是 Look-alike 模型，因为它可以应用于不同行业，所以可以用来帮助企业找到潜在用户。与其他三种寻找潜在用户方法相比，该方法在企业中很容易被理解，且落地方法简单。

利用 Look-alike 模型寻找相似的潜在用户，原理主要是企业利用现有的用户相关数据，通过研究企业用户行为漏斗底部沉淀的企业用户的行为特征、画像（人口基础属性、社会属性、兴趣属性、时间属性），刻画出企业潜在用户群体的特征，利用该用户群体特征从外部数据中寻找潜在用户。

通过 Look-alike 模型，找到外部相似的用户，针对找到的高质量潜在用户进行广告投放，促使用户转化。该方法适合绝大多数传统企业，并且可复制性强。

2）谁可能会购买

企业搜寻到大量用户线索之后，可以对这些用户线索进行优化，利用预测分析的方法（统计建模方法），找出哪些用户在未来一段时间可能会购买企业的产品或服务。

这里给出一个例子，该案例介绍企业从官方网站、电商平台、公众号小程序或者其他触点处采集并收集用户注册、用户行为相关信息，然后根据这些信息，利用预测分析技术，预测哪些用户可能会购买企业的产品或服务。

该案例中，用于训练模型的数据指标包括企业网站注册的用户数据和用户行为数据。预测建模过程为：根据用户的特征信息（用户 ID、性别、收入、注册时间、流失页面、购买金额、交易信息、购买渠道等），提取重要特征变量，利用统计分析建模，模型会算出这些用户可能会购买的概率是多少，数据科学家会列出一系列名单，预测出哪些用户可能会购买企业的产品或服务，并将统计模型的结果输出给营销人员，营销人员会根据提供的营销名单，进行相应的市场营销活动，如图 3-4 所示。

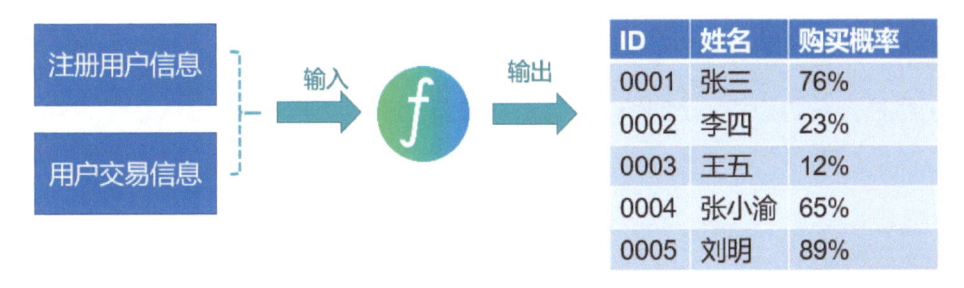

图 3-4　购买概率预测模型

该案例中，假定购买概率在 60% 以上的用户，在接下来一段时间内可能会购买，那么企业营销人员可以根据自己的预算，有针对性地对该类用户群体进行相应的市场营销及运营活动。

2. 用户留存

用户留存的主要研究对象，是对企业的产品或服务有过购买行为的用户群体。企业对于购买过产品的用户的关注程度，在一定程度上也影响用户后续的购买意愿及购买行为。本部分主要研究这些有过购买行为的用户群体，判断哪些用户可能会有复购行为，哪些用户可能会流失，针对易流失群体，采取不同的策略，留存这些用户，增加用户对企业产品的复购行为。

统计数据显示，在一定时期内，企业 50% 以上的用户都可能会流失。对企业而言，已经发生过购买行为，并对企业的产品或服务保持一定忠诚度的用户，被称为有效用户。针对这类用户，在相应的"有效期"内，企业是否能够提供用户想要的内容，企业的市场营销及运营策略是否准确、及时，提供的服务体验是否良好，都会影响用户的流失速度。

### 1）有效用户的流失原因

企业要找出哪些用户在接下来的一定时间段内可能会流失，找到影响用户流失的因素。对于可能发生流失的用户群体，给他们各种形式的奖励，或者改善运营服务，改善用户体验，这样会在一定程度上降低用户的流失率。一般来说，首次接触过企业的用户，70% 以上会流失。因此，要重点在这 70% 的用户中找到可以保留的用户，进而降低用户的流失率。

造成用户流失的原因很多，可能是用户的多元兴趣导致他们流向其他企业，可能是因为对企业的产品或服务不满意，也可能是因为企业未能持续有效地运营，等等。

### 2）利用流失模型找流失群体

用户流失预警流程如图 3-5 所示，该流程可以分为三个主要环节。

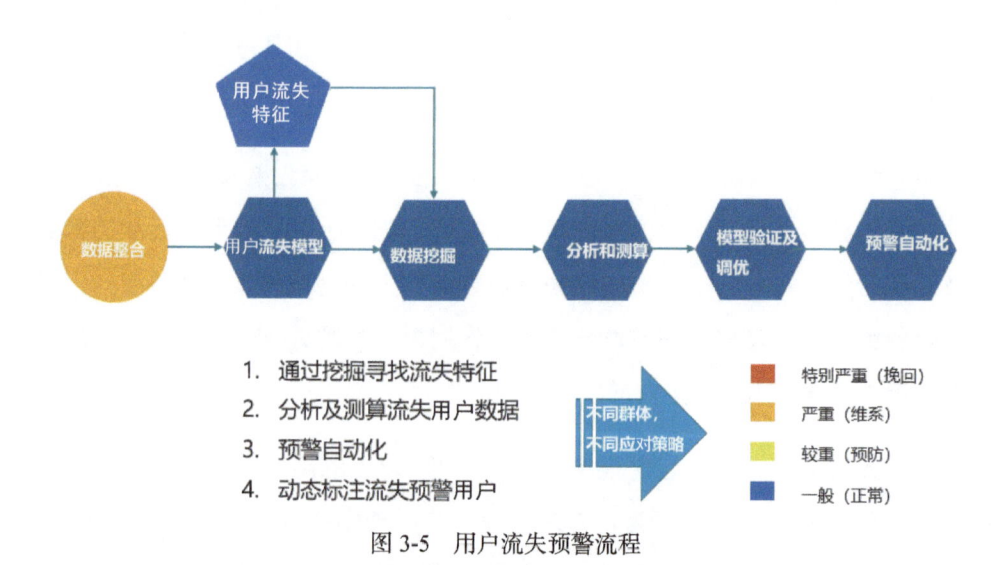

图 3-5 用户流失预警流程

（1）首先，整合用户在多个渠道的数据，标记用户是否流失。用户如果在近 6 个月内没有发生购买行为，则将其定义为流失用户，标记为 1；用户如果在近 6 个月内有购买行为，则将其定义为非流失用户，标识为 0。

（2）其次，选用流失预测分析模型（一般概率模型、随机树森林模型均可以），输入特征变量，进行模型训练验证。经过比较，采用模型效果较好的模型，作为用户流失预警模型，应用于生产环境。

（3）最后，制定市场营销运营策略。帮助企业找到潜在流失群体，营销人员可以有针对性地进行营销，提前预防，减少用户流失。

用户为什么会流失是企业进行用户运营时候都会碰到的棘手的问题。但是，利用数据分析、预测模型，可以有针对性地在一定程度上减少用户的流失。在企业的经营过程中，某些业务部门人员对用户的流失，可能也有自己的理解及业务关注的重点。比如，对于宠物保险类产品，业务人员可能更多地关注那些有一次购买行为之后再也不来购买的，对于购买过一次之后还会持续再来的用户则不会有更多的关注。针对这一类业务问题，也可以利用模型进行量化计算，帮助业务人员找到一种好的运营策略。

3. 用户转化

与用户留存问题相比，企业更应该关注的是，谁是企业的核心用户，谁是企业的分享者。利用好这两类群体，让这两类群体给企业带来更大的用户流量、更高的转化率，能够让企业的运营效率进一步提升。

一般情况下，企业会针对收集到的用户信息进行相应的运营和营销，这时用户的增长是线性的。企业要实现用户的指数级增长，前提是找出谁是企业的核心用户，采用正确的方式激励核心用户，提供相应的分享机制，让核心用户能够给企业带来更多的有效用户。那么谁是企业的核心用户？如何找到核心用户？接下来将做进一步介绍。

1）核心用户策略

企业的核心用户来自和企业发生过交易，相对认可企业产品的用户群体。统计数据显示，一般企业的核心用户可以帮助企业带来更多有效用户，且有效用户直接转化的概率是最高的。在现实生活中，找到并服务好自己的核心用户，通过核心用户来促进转化的例子比比皆是。

（1）核心用户的特征。

对传统企业而言，在进行内部用户分类及运营的时候，一定要找到企业的核心用户，运营好企业的核心用户至关重要。

企业的核心用户一般具有以下特征。

- 和企业发生过交易。

- 容易受到激励，看到好内容会主动分享。

- 通过分享，会帮助企业发展并带来更多种子用户。

核心用户的特点可以总结为三个词：交易、分享、发展。

（2）核心用户激励增长原则。

传统企业的用户运营方式，只依靠企业内部运营人员，带来的只是用户数量的线性增长。而一个核心用户通过分享传播，可能给企业带来多个有效的用户，也就是说，核心用户带来的用户增长，可能是指数级的。

因此，在进行用户群体运营的时候，首先要确定企业的核心用户到底是谁，之后要找到有效的分享机制，让核心用户通过分享传播帮助企业实现用户的指数级增长。

（3）核心用户的激励。

企业给予核心用户一定的激励，有利于企业品牌的传播。企业要想借助核心用户带来用户量的指数级增长，需要两个关键步骤：想办法找到企业的核心用户；利用外部智能内容运营工具，针对核心用户进行激励，让核心用户进行传播，带来有效用户的裂变式增长。

（4）核心用户的运营：利用启迪心智的内容运营传播工具进行传播。

企业在实践中，一旦找到自己的核心用户，就需要对用户进行运营。在这个环节，会有供应商提供智能运营工具，可以面对不同类型的用户群体，提供不同的运营产品，比如海报等。运营海报可以多种多样（千人千面），这些能启迪心智的海报，可以看作提供给用户群体的传播介质及内容。

企业的核心用户因为免单激励、利他心理等，通过朋友圈（或QQ空间、社群）分享海报，帮助企业拉更多用户。在核心用户的分享过程，企业可以在海报传播路径的关键节点进行数据埋点采集，可以采集到的数据包括用户基础信息、分享路径、分享对象等。

2）分享者策略

在介绍完企业的核心用户，以及如何引导核心用户进行传播之后，我们再来探讨另外一个值得企业关注的话题：谁是分享者。在日常生活中大家不难发现，分享已经成了很多人的爱好。无论是文章、视频，还是其他读者认为好的东西，都经常会被分享并且得到"点赞"。这里的分享者不一定是企业产品的购买者，还有一部分不是企业产品的用户，但他们非常愿意分享。在未来的用户运营过程中，这个第三方群体的力量也是不容忽视的。

非平台类企业可以采购某些供应商的智能运营工具，有针对性地在各种渠道通过用户分享过程获取用户相关数据，并进行统计分析，指导运营决策。而有一定技术和产品实力的企业，如果投资回报率合适，就可以自己做一款智能内容运营工具，在企业内部进行应用。

平台类企业（美团、拼多多等）因为其自身的技术能力、产品能力过硬，本身有更强的能力来运营他们的用户，所以对于这些平台类互联网企业，要找到谁是分享者就会比较容易。

对绝大多数传统企业而言，要找到分享者，需要熟悉互联网运营的一些思路和方法，要能够快速开发一些运营的 HTML5 页面，并在相应页面有意识地进行埋点，采集数据。

至此，企业需要研究的五类用户群体（潜在用户、最可能购买者、潜在流失者、核心用户、分享者）就介绍完了。不同的用户群体，在企业发展过程中有不同的作用。企业只有更好地理解这些用户群体，才能够在运营的时候有的放矢，事半功倍。用户的运营对企业来说也是一个"古老"的话题，它涉及企业的品牌，涉及企业对产品、用户的理解，也涉及企业的方法、策略、创意等方方面面。

### 4. 用户运营

在研究过企业的用户群体后，针对用户群体的运营思路可以总结为：将用户分群，向用户提供优质的产品或服务，并进行用户运营。具体来讲，就是要研究用户群体，找到类似的人群，提供优质的产品或服务将其打动，并激励他们自愿进行传播。

#### 1）打动用户

很多企业都会在各类媒体中进行广告投放。从数据统计上看，广告几乎可以覆盖全中国所有的手机用户。但是，能给企业带来销售额，真正能称得上是"潜在用户"的，肯定不会是所有看到过广告的用户。根据著名的"二八定律"，20%的用户群体，贡献了企业80%的销售额。因此，有效打动用户的前提条件，一定是找到那20%的用户，而不是试图去打动所有可触及的人群。

品牌企业不光期望有优质的用户流量池，还期望能够通过启迪心智的内容打动用户，让他们进行品牌传播，进而吸引更多用户，形成稳固的品牌效应。单纯地找到用户，而没有能够打动用户的营销，就无法使用户增强对品牌的忠诚度。传统的零售类、快速消费品类公司，尤其是大的外资公司更为注重品牌广告。但是，随着市场的多元化，更多的竞品争相出现，更多的碎片化场景随之出现，早期只靠品牌广告持续带动生意增长的策略逐渐不再适用。展望未来，大型品牌企业的广告投放方式将分为两种。

（1）品牌广告：持续投放品牌广告，追求群体全覆盖。

（2）效果广告：在投放过广告的群体内，找到20%的潜在用户，对这20%的潜在用户，投放能够启迪心智的广告（因为只有这部分用户才最可能发生购买）。

一方面，品牌广告的投放要考虑到足够的触达率及渗透率；另外一方面，从渗透率较高的品牌广告覆盖人群中，寻找到最可能转化为用户的20%的潜在用户，针对该渠道投放有针对性的广告。将这两种广告按照合适的比例进行组合，才能够达到平衡广告投放与媒体效果的目的。

随着移动互联网的发展，社群（线上、线下社群，圈子文化）、关键意见领袖（KOL）都形成了一定的圈子。在品牌传播中，只有寻找到同类人群的圈子，针对圈子内的用户进行相应的内容的投放，才可能达到好的效果。同时，品牌企业基于自身品类的用户场景去捕捉相应的流量，针对该群体进行效果广告的投放，也是一个好的思路。

企业找到更精准的20%的用户群体之后，如何针对该精准人群进行有效运营，提升转化率，也成为企业有效运营的一个核心要点。有效运营的方法有很多种，接下来主要介绍其中的一种——裂变分享运营。

2）裂变分享运营

互联网公司对用户进行分群运营的时候，经常使用的策略有微信转发、朋友圈分享、邀请更多人来参与分享可获得优惠券，等等。

朋友圈的裂变分享，可以让用户将自己的喜悦、权益分享给朋友圈中的其他潜在用户，让他们获得更多的优惠，从而吸引和带来更多的用户。比如，游戏或者电商购物平台可以让用户邀请朋友，组团帮自己完成任务，以获取更多奖励。

在国内企业中，拼多多、滴滴、美团等互联网公司在用户运营过程中，都用过类似的裂变分享来做用户运营。裂变分享也被引入一些传统领域的企业。

## 3.5 案例：某快车公司的裂变式用户增长

本案例介绍某快车公司如何通过研究快车行业的市场、用户，制定测试方案，对某些环节的假设进行验证，制定相应的用户运营策略，最终实现用户增长。

企业的用户增长实践，需要很多部门的配合。增长团队需要研究当前市场和当前用户特征，基于当前用户情况做出假设。在此基础上，协调产品、技术、营销、运营等部门，制定相应的增长测试方案，对用户增长的假设进行验证。

### 3.5.1 用户持续增长的逻辑假设

快车用户增长的研究过程，首先是根据需要验证的商品（这里指快车）当前所在的市场、用户的特征，提出以下几个假设，在这些假设下寻找解决问题的方法，并进行测试、验证。

（1）快车市场阶段假设：快车市场当前属于成熟市场，在成熟市场中，补贴用户不能作为长久的增长逻辑，补贴带来的用户，更多是"摇摆"用户。

（2）增长目标假设：在当前的成熟市场中，企业需要创造新的用户增长模式，并且利用该模式找到高质量的用户，而不是摇摆不定的用户。

（3）用户群体假设：同类群体具有相似的行为特征，这里假设高质量快车用户身边的人有相似的消费能力与消费习惯。在该假设之下，突破点转化为以下两个问题：不用补贴的方式，如何让高频用车的快车用户主动向身边的朋友推荐本公司的快车？没有补贴，如何让用户的好友也转化成本公司快车的用户？

（4）用户心态假设：达到一定收入水平的快车用户，对一般的补贴激励的敏感程度逐渐下降（不希望对外展示贪小便宜的形象）。但是，该类群体更喜欢"荣誉"的比较，不自觉地展示自己好的部分。还有些人有利他的心态，更希望去帮助别人，而非从别人身上获利。

在分析和应用的过程中，有几个关键点：①当前市场阶段分析；②找到高质量用户；③利用用户关系做推广；④策划相应产品并投入市场；⑤观察效果。这个流程能帮助企业在特定市场中选取特定群体，找到群体特征，进而设计相应的产品。

接下来针对快车企业的用户特征，以及对产品的思考，制定早期的产品逻辑。

### 3.5.2　早期的产品逻辑

快车公司有自己的会员体系，这里选取消费能力较强的三类会员：银卡会员、白金卡会员、黑金卡会员（按照会员消费能力来进行分类，黑金卡会员消费能力最强）。在对市场及用户消费特征有一定的理解之后，结合会员体系，区分出相应的用户群体，制定以下产品逻辑。

（1）选取"种子用户"：选取快车的银卡、白金卡、黑金卡会员为种子用户进行测试。

（2）"以利他为核心"的用户激励：让快车的会员通过分享，能够与家人、好友共享会员特权。

（3）设置持续的用户激励机制：用户通过分享，推荐朋友完成快车订单，使种子用户升级到更高级别，获得更高级别的特权，更高的特权应该对应着更好的用户体验、更优质的服务等普适性的需求，或者能得到更多的折扣券、卡券等。有些时候，做得比当前好一点点用户就已经很满意了，但很多企业连这一点点也做不到。

① 银卡用户：可通过分享获得"溢价保护"特权。

② 白金卡用户：可通过分享获得"溢价保护""优先派单"特权。

③ 黑金卡用户：可通过分享获得"免溢价""极速应答"特权。

（4）设置运营规则限制：一个月内，通过种子用户的分享，可以让100个朋友领取优惠券。优惠券被领取后，有效期是5—7天。

（5）开发运营增长工具：使用正确的用户增长运营工具，这里开发的工具是"组队打快车"。

接下来重点介绍在该案例中使用的用户增长运营工具。

### 3.5.3 用户增长运营工具的两个核心

此快车公司在用户增长运营过程中，使用了一个工具：组队打快车。快车用户通过分享邀请好友组建"战队"，每有一个好友加入"战队"，就算完成了一部分订单任务。当完成全部任务（邀请四位好友加入"战队"）后，邀请者就能获得一个奖品，并获得相应的账号升级及特权升级，如图3-6所示。

此运营工具有两个核心逻辑。

（1）社交链条：通过用户社交关系链条拓展用户群体。

图 3-6 邀请队友打快车

（2）合作获得奖品：用户通过合作可以获得奖品资源，进而可以带动用户订单的增长。

好的运营增长策略，离不开社交和更便利的传播。企业在进行用户裂变式增长运营的时候，要充分考虑到这一点。

### 3.5.4 运营产品效果评估方法

针对用户的运营测试，在测试前需要制定相应的衡量转化效果的 KPI（关键绩效指标），这里定义以下指标作为用户运营的衡量标准。

（1）分享率：用来衡量种子用户的参与意愿，证明用户群体的选择及原先做出的假设相对准确。

（2）订单转化率：用来衡量通过分享带来的会员的下单意愿。

（3）高质量用户数：表示用这种方式拉过来的能直接转化的用户数的数量。

运营产品上线后，一个月的数据沉淀证明该运营增长策略有效，具体如下。

（1）分享率高：选定的种子用户，在增长运营工具上线之后，有50%—60%的分享率。

（2）订单转化率高：在该运营测试环节，发现该类用户群体的订单转化率是其他用户群体订单转化率的两倍。

（3）高质量用户数多：该增长方式能带来更高质量的用户、更高的转化率及留存率，与其他的增长渠道相比，该渠道的用户留存率与GMV（一段时间内的成交总额）是所有渠道里最高的，是用户质量高的体现。

本案例介绍的是共享出行领域的一个裂变式增长的运营产品，随着快车市场环境的变化，会有更多类型的用户运营新方法出现。

在信息爆炸的时代，管理者需要思考企业经营的产品和服务的用户，参考外部好的方法和思路，帮助企业做好用户增长运营。企业需要在快速的尝试中进行实践，不断学习、思考、实践、总结经验，更好地实现用户的增长。

# 第 4 章

# 决策优化应用

它山之石，可以攻玉。

——《诗经·小雅·鹤鸣》

在任何一家企业的运营管理中，都存在一些重要的环节，其中包括 CRM（客户关系管理）运营、市场营销运营（本章提到的市场营销运营主要指向上销售、交叉销售及销售预测）、广告优化、产品创新等。这些环节都可以利用数据分析的方法进行优化。企业当前普遍存在的问题是数据质量差、数据少甚至没有数据。一些具备数据思维的企业，会收集并存储数据，一边提升数据质量，一边做一些数据分析及应用方面的工作。

每一家企业都应该具备"养数据"的意识，集成整合更优质的数据资源，搭建相应的数据平台，在平台上提供各种数据服务（包括决策分析模型、BI 可视化、业务分析等）。

本章的主要内容为决策优化的应用，首先介绍与企业 CRM 相关的决策优化模型，随后介绍与销售相关的决策优化模型，以及在成熟市场里针对分众市场开展产品创新的思路，最后介绍基于 CRM 的数据集成平台建设及运营模式。

## 4.1　CRM 简介

很多企业都会建设 CRM 系统以更好地管理客户、会员、订单及广告促销活动等。在一些企业里，CRM 也被当作企业的核心系统。

通俗来讲，CRM 涉及与企业客户相关的数据，包含客户、销售、售后服务相关的信息。CRM 的运营也是围绕 CRM 里沉淀的客户群体展开的，具体包括客户拉新、客户留存、客户流失预警、客户运营。

图 4-1 展示了数据分析在客户管理运营中涉及的一些主要模块，包括客户、市场、销售、广告、产品及 CRM。接下来重点介绍两种类型的 CRM。

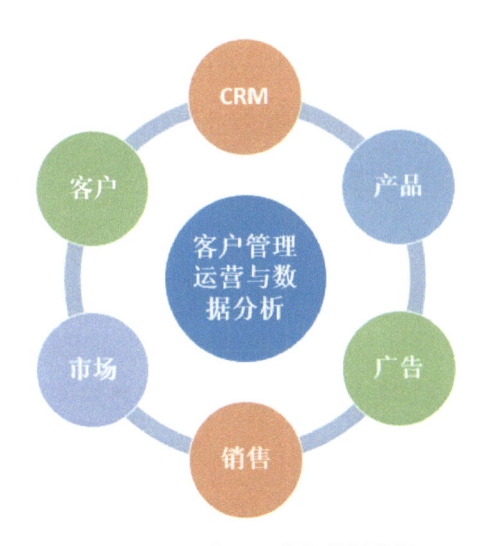

图 4-1　客户管理运营与数据分析

## 4.1.1　AI 驱动式 CRM

在现实中，传统的 CRM 系统是根据业务流程来设计的，其中添加了很多与业务流程管理相关的功能，CRM 系统并非从客户的视角设计和规划的，更多是以企业视角来建设的。随着企业对数据分析、AI 技术越来越重视，更多的企业考虑将 CRM、企业内部数据、企业外部数据、客户相关数据进行整合，再利用 AI 技术提升客户的服务体验，保持客户的忠诚度，实现客户增长，提高复购率。

为了更好地用这些数据，很多企业还会围绕 CRM、AI 构建自己的客户数据平台，在这个基础平台之上实现客户智能运营。

AI 驱动的 CRM 可以支撑以下一些应用场景及模型：客户分群、客户流失预警、销售预测、客户产品投放、客户全生命周期价值预测（有些也与客户复购相关）、会员标签体系、客户画像、产品关联推荐等。甚至也有企业利用 AI 寻找外部销售线索，预测客户的购买可能、复购可能等。

另外，企业还可以通过数据研究产品的市场总量、发现空白区域、分析渠道、研究客户、预测销售量、评估客户价值等，对这些领域的研究已经超出了传统的 CRM 范畴。

### 4.1.2　未来生态式 CRM

对绝大多数企业来说，传统的 CRM 具有明显短板，因为其本身是静态的，缺乏和客户的沟通与互动，并且从企业端视角进行建设，与客户不能形成强连接。这种强连接性的缺失，导致传统的 CRM 不能够持续地拉到更多的新客户，不能让客户更好地留下来并进行交易、转化，更不能持续演变成一个新的生态或业态系统。未来生态式的 CRM 更适合未来企业的客户运营、传播及转化，生态式的系统应用也更符合当前中国互联网的商业特征。

展望未来的 CRM，某些行业的 CRM 一定是一个移动应用程序（例如小程序），可以连接 C 端客户，能够很好地构建内容相关生态，促使企业和 C 端客户甚至中间的 B 端渠道商进行连接。这样的系统可以自己更新或升级商业模式，以客户为中心产生新的业态及生态。比如说，某些宠物品类的 CRM，定义成生态式的 CRM 更适合企业的客户拉新、增长、转化及上下游的业务拓展。在早期可以依托小程序的强传播性做内容，后续可以衍生出诊断医疗、上门服务等，这样未来会形成一条平台式商业模式的业务增长线，通过强刚需更好地和客户产生黏性。

## 4.2 CRM 与决策模型

介绍完企业 CRM 的"前生"及"来世"之后，接下来我们重点介绍和 CRM 相关的三个模型，其中两个为客户分群模型（RFM 分群模型、预测购买模型），一个为数字化营销模型（智能运营模型）。

### 4.2.1 RFM 分群模型

RFM 模式，适用于大多数行业，以其简单、好解释、容易上手等特点，被大多数企业所接纳。RFM 模型被应用于客户关系管理领域，主要目标是根据客户的行为，对客户进行有效的区分与管理。

#### 1. RFM 模型的重点关注内容

RFM 模型的重点关注内容是：企业客户中哪些是重点客户，哪些是需要重点联系的客户，哪些是需要重点发展的客户，哪些是需要重点挽留的客户。这四类客户群体都有什么样的客户行为特征，需要用什么样的策略进行对待。

对于每一个客户，都有三个指标对其进行描述并打分：R（Recency，最近消费时间）、F（Frequency，消费频率）、M（Monetary，消费金额）。针对每一个客户，计算出其 R、F、M 的估计值，并将其进行分群。

#### 2. RFM 与客户群体

企业利用 RFM 模型，一般可以将客户分为四个群体，如表 4-1 所示。

表 4-1  RFM 模型中的不同消费群体

| 最近消费时间（R） | 消费频率（F） | 消费金额（M） | 客户分群 |
| --- | --- | --- | --- |
| 近 | 高 | 高 | 重要客户 |
| 较远 | 很高 | 很高 | 重点联系客户 |
| 较近 | 高 | 不高 | 重点发展客户 |
| 较远 | 高 | 不高 | 重点挽留客户 |

（1）重点客户：企业对该类客户需要定期进行关系维护，提升客户的体验及满意度。比如，某银行针对持"黄金卡"的客户会有不定期的电话回访，及时捕捉"黄金卡"会员的特殊诉求，并根据客户反馈进行业务调整。

（2）重点联系客户：该类客户最可能发生流失，企业针对该类客户应该有相应的流失挽回策略，通过调研、回访等方式，发现流失原因，并提供客户所需要的服务，提升满意度，降低流失率。

（3）重点发展客户：这类客户需要不断地对其进行激励，通过促销、打折，以及其他各类激励活动，让他们能够带来更多销售额。

（4）重点挽留客户：该类客户可能因为各种原因发生流失，针对该类客户，企业需要找到挽留的方法，减少流失。

3. RFM 模型的客户分群流程

上面介绍了 RFM 模型的定义，图 4-2 是利用 RFM 模型进行客户分群建模得出的结果。从图中可以看出，在新客户第一次下单后，随着时间的流逝，一部分客户会发生持续性购买，剩下的客户自然流失、并未再有购买行为。还会持续购买的客户群体中，一部分客户变成了企业的忠诚客户，另外一部分客户在某些环节又流失了。

更进一步，利用可视化工具 Tableau 将客户从首次购买到流失的整个过程进行可视化，找出在第一次下单、中途流失、持续购买这几个环节中，涉及了哪些客户。如图 4-3 所示，现有的发生过购买行为的客户分为五大类：新客户（8 个）、一次性客户（12个）、不温不火的老客户（59个）、忠诚客户（204个）、失去的老客户（83个）。右面的图显示了忠诚客户对企业的贡献值最高，之后是不温不火的老客户。

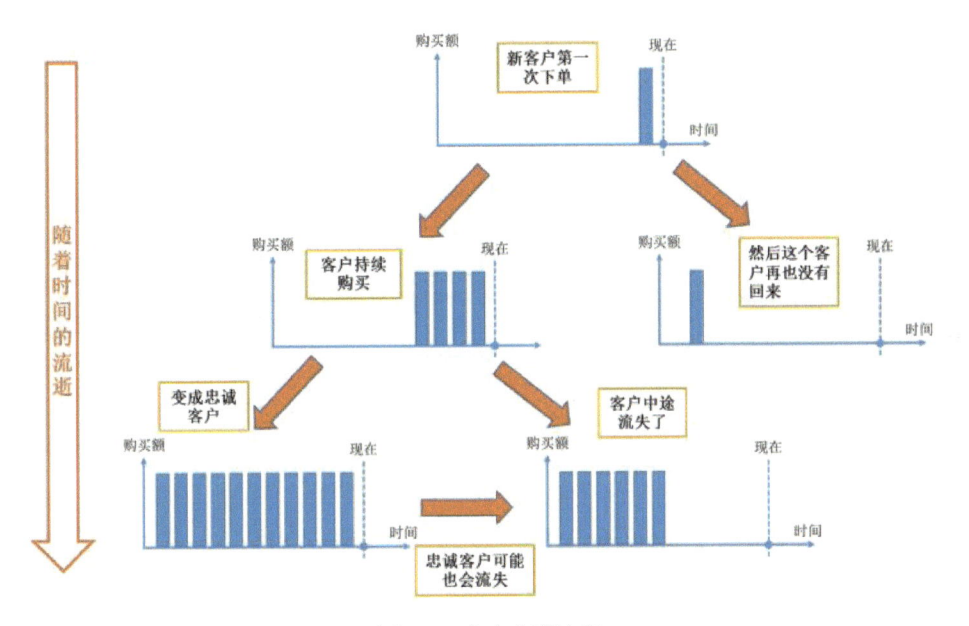

图 4-2　客户分群流程

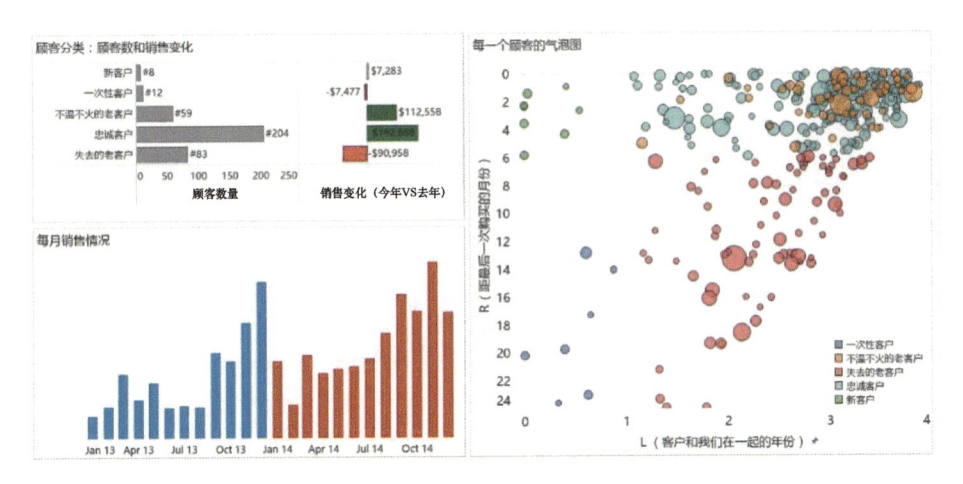

图 4-3　客户从第一次购买到流失的可视化

利用 RFM 模型，可以输出相应的 R、F、M 的值，用 Tableau 勾勒出 5 类客户特征。如图 4-4 所示，每类客户的特征用一个气泡来表示。其中，新客户、一次性客户、失去的老客户具有比较高的区分度，忠诚客户及不温不火的老客户的区分度并不是特别高（说明两者的特征比较相近）。

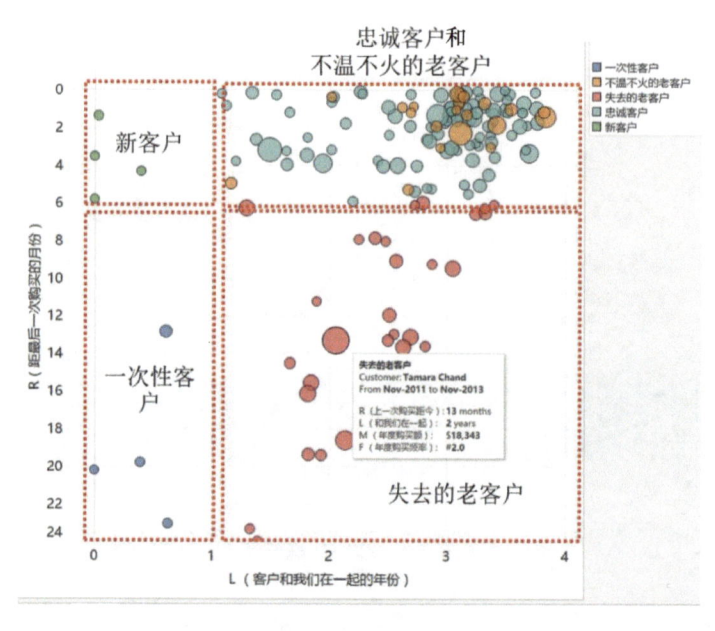

图 4-4　客户分群

按照预期将客户分群之后，在系统中点击上图中的气泡，可以看到气泡代表的客户的属性特征。将整个客户群体根据第一次购买距今时间、最后一次购买距今时间分为 4 个区域，将客户分为失去的老客户、一次性客户、新客户、忠诚客户和不温不火的老客户 4 类。到此，整个分群结果业务意义清晰，可以将整个分群结果导出，形成 Excel 文件，或者将分群的结果写入类似 CRM 的系统中。

### 4. 将 RFM 客户分群结果写入 CRM 中

前面的部分针对客户群体进行了分类，帮助企业识别出重要价值客户、重点保持客户、重点发展客户、重点挽留客户等类别。对每一类客户进行打分，并将结果写入 CRM 的客户主页里，供企业营销或者销售时使用，如图 4-5 所示。

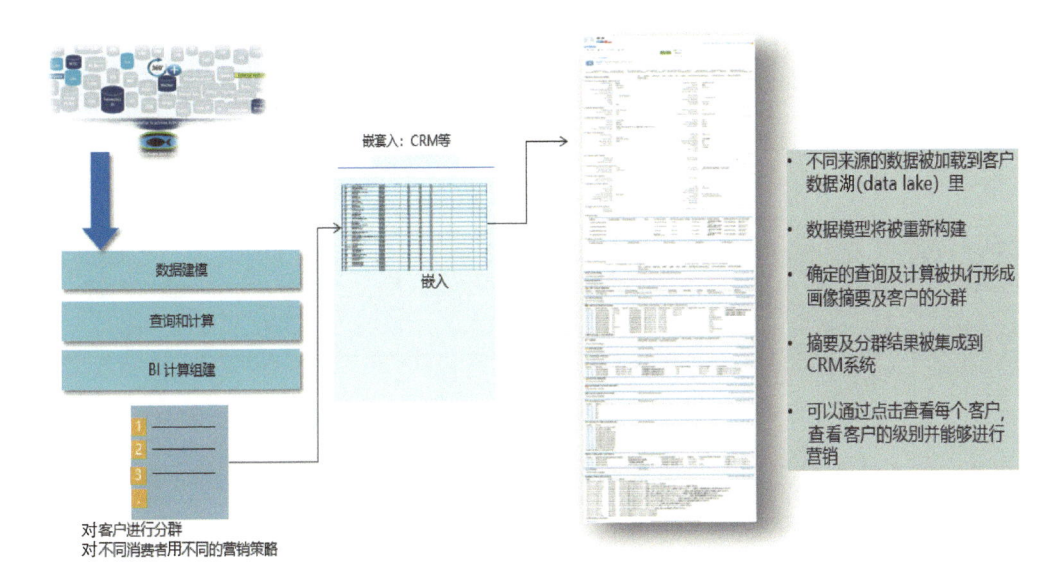

图 4-5　客户分群的应用

RFM 模型的输出是帮助企业对客户进行分群，并定义好分群的业务含义（需要和业务人员一起确定），针对不同的客户群体，企业应有不同的营销和运营策略，例如针对失去的老客户，可以通过卡券等营销工具和手段进行"激活"。对于贡献值比较大的不温不火的老客户，可以通过积分、打折等促销手段给予更多优惠进行挽留，增加其复购次数。

### 4.2.2　预测购买模型

预测购买模型的原理是从客户数据库中提取注册客户的相关数据（注册信息数据、购买数据），其中选取的字段包括：第一次购买时间、客户属性标签、客户行为数据、客户注册及登录信息、客户网页浏览信息等，然后构建预测分析模型，帮助企业预测潜在客户群体中哪些客户可能会购买公司的产品。

预测购买模型可以根据采集到的数据状况，尝试采用统计回归算法 Logistic/Linear Regression（逻辑/线性回归）、Decision Tree（决策树）之类进行测试。

下面选取已注册客户的相关数据并建立模型，预测哪些客户可能会购买产品。客户注册信息如表 4-2 所示。

表 4-2　客户注册信息表

| 客户 ID | 注册时间 | 登录设备 | …… | …… | 交互次数 | 第一次购买时间 | 是否购买 |
|---|---|---|---|---|---|---|---|
| 0001 | 2017.2.1 | iOS | | | 2 | 2017.5.21 | Y |
| 0002 | 2017.3.2 | Android | | | 1 | Null | N |
| 0003 | 2018.2.1 | iOS | | | 1 | Null | N |
| …… | …… | …… | | | …… | …… | …… |

此表中包括客户 ID、注册时间、登录设备、交互次数、第一次购买时间、是否购买，以及其他各类行为标签数据。在具体实践中，需要根据可能影响购买的因素，尽可能多找一些指标。

建立模型后，可以针对每个客户（一个客户对应一个客户 ID）利用统计模型算法得出可能购买的概率，如表 4-3 所示。这里定义概率大于或等于 0.5 的为潜在客户，概率小于 0.5 的为非潜在客户。

表 4-3　潜在客户表

| 客户 ID | 可能购买概率 | 是否潜在客户（1 代表是，0 代表否） |
|---|---|---|
| 00055 | 0.8 | 1 |
| 00056 | 0.4 | 0 |
| 00057 | 0.9 | 1 |
| …… | …… | …… |

利用手里已有的客户数据库，采用概率分析模型（Logistic Regression/Decision Tree），可以训练出一个决策模型。通过该模型，可以估计哪些客户有较高的购买可能性，针对这些客户采取特定营销策略，促进潜在客户向有效客户方向转化。

### 4.2.3 智能运营模型

大多数企业都会开展针对客户的促销等运营活动。促销的本质就是在那些可能会流失的客户群体中，尽最大可能找到并拉回那些能被拉回来的个体。大部分企业每年都会做大量的促销、营销及运营类活动，有的企业可能会用基础的 RFM 模型，针对不同的客户做不同的营销活动。也有很多企业可能并没有 CRM，甚至数据都是存放在很多零散的角落里的，营销的方式可能是简单粗放式的短信、E-mail 投放，投放完也没有较完善的持续跟进及对活动效果的评估。

针对企业在进行客户运营、营销时的现状及挑战，图 4-6 中列出了企业业务痛点及挑战、推荐的 POC（验证性测试）做法、业务价值这三个部分的方案。

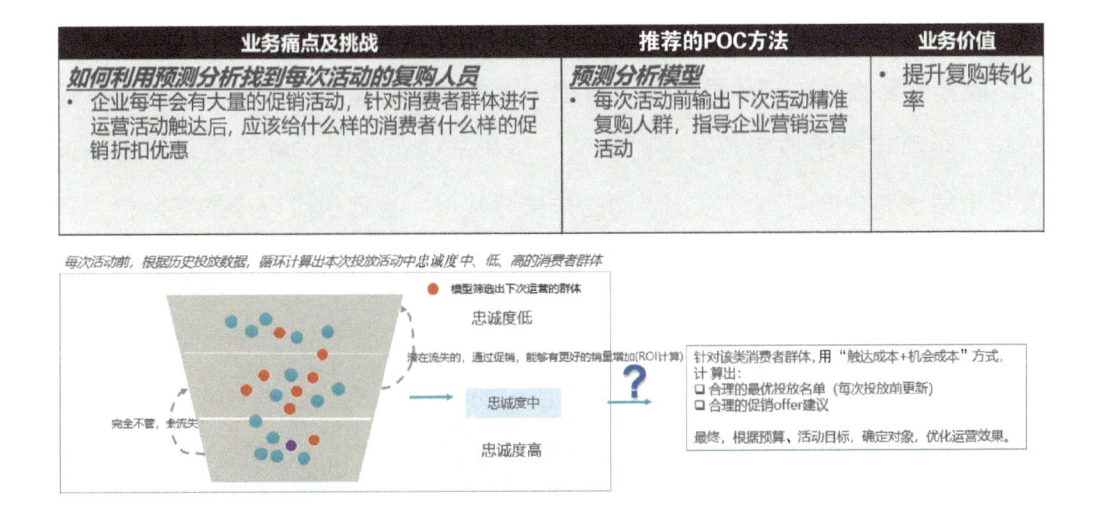

| 业务痛点及挑战 | 推荐的POC方法 | 业务价值 |
|---|---|---|
| **如何利用预测分析找到每次活动的复购人员**<br>• 企业每年会有大量的促销活动，针对消费者群体进行运营活动触达后，应该给什么样的消费者什么样的促销折扣优惠 | 预测分析模型<br>• 每次活动前输出下次活动精准复购人群，指导企业营销运营活动 | • 提升复购转化率 |

每次活动前，根据历史投放数据，循环计算出本次投放活动中忠诚度中、低、高的消费者群体

● 模型筛选出下次运营的群体

忠诚度低

潜在流失的，通过促销，能有更好的销量增加(ROI计算)

忠诚度中

?

忠诚度高

针对该类消费者群体，用"触达成本+机会成本"方式，计算出：
□ 合理的最优投放名单（每次投放前更新）
□ 合理的促销offer建议

最终，根据预算、活动目标、确定对象，优化运营效果。

完全不管，会流失

图 4-6　企业相关方案

企业客户群体按照忠诚度可以分为头部、中部、尾部等三部分。

头部客户：优质客户，即使企业不去关注，也可能在一定的周期内多次购买产品。

中部客户：需要企业关注，是贡献销售额最多的客户群体。

尾部客户：非常容易流失的客户。

对企业而言，应该把有限的运营资源给予合适的客户。所以，企业总是更关注中部、尾部客户群体，期望通过对中部、尾部客户群体的运营，能够带来更高的销售额。但是，在做客户运营时企业会面临一个问题，就是客户群体不是一成不变的。如果企业长时间不关注头部客户，他们也可能会成为流失群体。根据运营的效果，中部客户群体则可能向头部、尾部客户群体分化。而通过合理地运营，也可以使尾部客户变为中部、头部客户。所以针对不同的群体，企业需要有不同的运营策略。

在一定程度上，对于客户的运营问题，可以变成数字化运营问题：有限的预算要如何分配给每个客户，对每个客户要提供什么样的折扣。

收集销售数据、订单数据、卡券相关数据，针对每次活动的效果进行建模分析，用数字描述将来要发生的事情，将未来的运营策略进行量化。智能运营模型输出客户购买可能性及活动的效果分数后，企业也可以添加客单价、预算等限制条件，重新计算出新的客户运营清单。数字营销的整个流程如图4-7所示。

有了这个模型之后，针对客户进行营销、运营投放时，可以参考每个客户群体可能购买的概率，以及以往活动的投放效果，预测下次活动可能达到的效果。这样就可以知道，在有限的预算条件下，营销活动应该面向哪些客户。

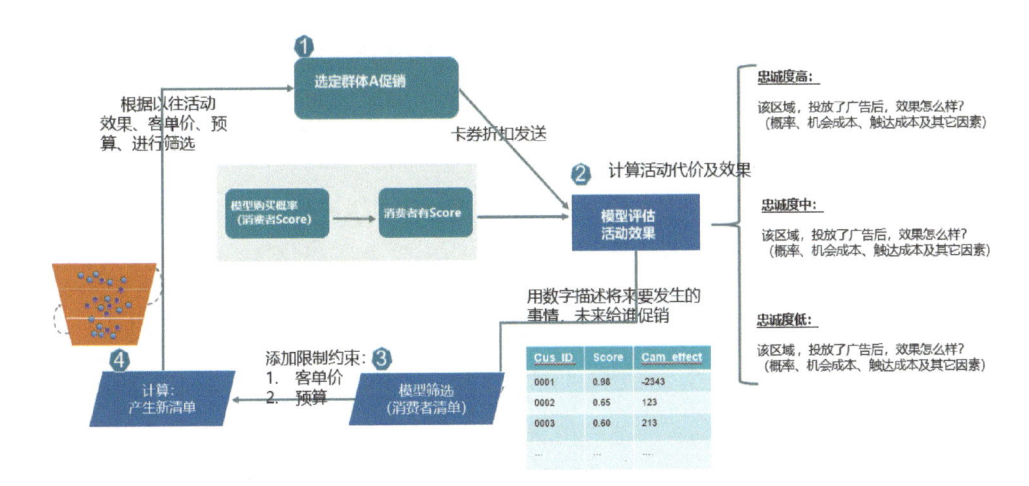

图 4-7　数字营销流程

## 4.3　销售与决策模型

数据分析在企业销售中的应用也是一个重要的部分，对大部分企业而言，与销售数据相关的分析模型可以归纳为以下几个方向。

（1）向上销售（增量销售，满足客户某种需求的产品的更新升级）。

（2）交叉销售（关联产品推荐，满足客户多种需求）。

（3）销售预测。

（4）个性化推荐销售。

针对这几个方向的和数据分析相关的案例，这里不做过多介绍，有兴趣的读者可以找相应材料来参考学习。

### 4.3.1　向上销售

向上销售（Upstream Sale）又被称为增量销售，指向客户销售某一种特定产品或服务的升级品、附加品，或者其他用以加强其原有功能或用途的产品或服务。这里所说的产品或服务必须具有可延展性，追加的销售标的与原产品或服务相关甚至相同，有补充、加强或者升级的作用。向上销售的目的是根据既有客户的消费喜好，提供更高价值的产品或服务，刺激客户进一步消费。

企业经常会向客户进行向上销售。例如，汽车销售公司向老客户推销新款车型，促使老客户对现有汽车进行更新换代等。企业也可以通过数据分析，找到合适的向上销售产品组合。

### 4.3.2 交叉销售

交叉销售就是研究企业 CRM，发现客户的多种需求，通过满足其需求，向客户销售多种相关服务或产品的一种营销方式。简单来说，交叉销售就是向拥有 A 产品的客户推销 B 产品。比如说某客户在你这儿购买了一款游戏机，你可以向他推销充电器或者电池。

如图 4-8 所示，企业可以通过整理并研究客户行为及购物车中的相关数据，采用 April 关联推荐算法，分析并找出不同类产品之间的关联度。通过关联度，可以找到能一起捆绑销售的产品。

| 从产品 | 到产品 | 关联度 |
|--------|--------|--------|
| C | E | 0.90 |
| C | GLK | 0.82 |
| E | GLK | 0.65 |
| E | S | 0.62 |

> 关联分析体现了已销售产品关联度。例如：客户购买了E，进一步推荐的会是GLK和S

图 4-8　关联分析

### 4.3.3 销售预测

销售预测是指企业采集某些产品或服务的销售记录中的各类指标，利用统计建模分析技术预测未来几个月产品或服务的销售额。

决策优化模型在销售领域中应用最多的一个场景就是销售预测。比如电商网站可以基于以往的销售数据，预测未来一段时间的销售情况。

如图 4-9 所示，某电商网站根据过去半年的相关销售数据，预测未来 3 个月该电商平台的总体销售额是多少。

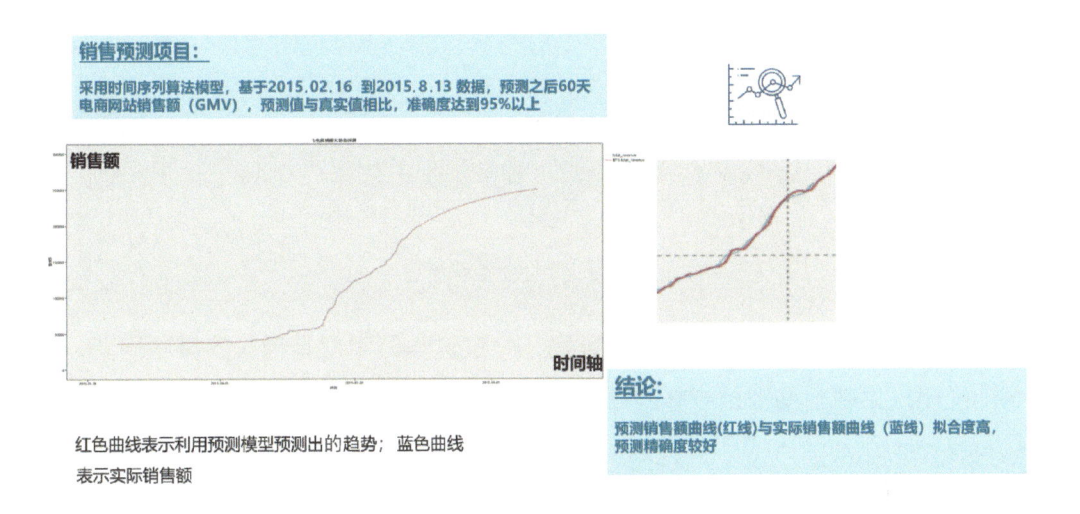

**销售预测项目：**
采用时间序列算法模型，基于2015.02.16 到2015.8.13 数据，预测之后60天电商网站销售额（GMV），预测值与真实值相比，准确度达到95%以上

红色曲线表示利用预测模型预测出的趋势；蓝色曲线表示实际销售额

**结论：**
预测销售额曲线(红线)与实际销售额曲线（蓝线）拟合度高，预测精确度较好

图 4-9　销售额预测

项目背景：某电商网站基于 2015 年 02 月 16 日—2015 年 08 月 13 日的数据，预测未来 60 天内该网站的销售额。

该电商网站通过选取一些指标，如每日新增客户、每日销售额、PV（Page View：一定时间内的页面浏览量）、UV（Unique View：一定时间内页面的独立访客数）、时间、总销售额，把它们当作输入变量，利用时间序列算法模型 ARIMA，预测未来 3 个月该电商网站的整体销售额。结果显示，整体销售预测曲线与实际销售曲线相比，准确度达到 95%。基于预测的未来销售额，企业可以清晰地推断出近期每个月需要投入的资源及各个阶段要达到的目标。

### 4.3.4 个性化推荐销售

个性化推荐指在特定的场景下，根据客户特殊的爱好，给客户推送特定的产品。企业可以根据给定客户在网站中留下的日志、浏览记录及购买记录等各种信息，向客户进行个性化推荐。图 4-10 展示了个性化推荐某类商品的流程。

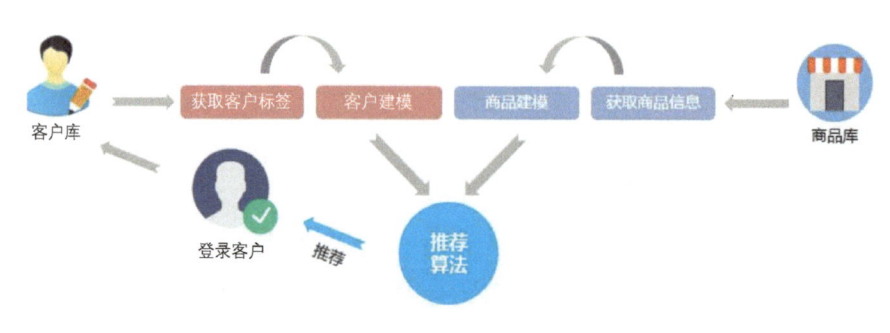

图 4-10　个性化推荐流程

个性化推荐通常适用于互联网公司，一般这类公司都有相应的算法模型，有专门的团队来做数据挖掘及建模。对绝大多数传统企业来说，个性化推荐的应用场景其实不是特别广泛。近几年，零售和快速消费品企业常提到的"千人千面"也有个性化推荐的意思，不过对更多的企业来说，个性化推荐是通过基础画像标签体系来实现的。

## 4.4　产品创新与数据分析

有人曾经研究过，绝大多数的企业进行创新都是比较难的，创新属于少数人的专利。对一个成熟型的企业来讲，创新更是难上加难。但是，在新的时代，创新又是大企业改善固化印象，紧追时代，不被时代淘汰的关键（很多大型巨头公司也会通过对外投资、并购、收购一些创新类企业达到增长的目的）。下面将介绍企业如何找到创新点。

### 4.4.1 在分众市场找创新点

在企业的成长过程中,首先是企业发现一片市场空白,然后针对该市场中尚未得到满足的需求,提供相应的产品及服务,这个时候企业升级产品,提升服务质量,销售额就会快速地增长。

以零售类和快速消费品类企业为例,其在早期运用正确的方法,增长比较快,随着企业规模的增长,外部环境的不断变化,到了成熟期的企业,普遍会面临增长乏力的问题,在原有的增长方向上出现瓶颈。此时,更多的企业会研究客户,期望能够找到更多潜在客户,发现更多客户需求,进而推动下一轮的销售增长。在此阶段,企业可以做以下一些事情。

(1)在销售端,无论是线上销售,还是线下销售,企业都可以通过销售渠道创新,或者优化销售渠道,推动销售额的增长。

(2)在广告媒介端,企业通过打广告触及更多客户,逐步打造全新的品牌,从而推动销售额的增长。

从企业发展周期图(图 4-11)中可以看出,企业销售额一开始能快速增长,但当增长到一定阶段后,就会发现无论怎么努力,销售额增长都变缓慢了,甚至出现了负增长。

这里假定企业处于相对成熟的阶段,市场增速逐步变缓。对处于这个阶段的企业而言,产品创新会是一种可以快速打开新市场的最有效的方式。

产品创新能够帮助企业在相对成熟、稳定或者进入衰退期的市场环境中找到新一轮市场销售增长点。这里所说的产品创新,是指针对分众市场中未满足的需求进行创新,并不是针对整个市场进行创新。针对分众市场的产品创新,可以为企业的销售带来持续的新一轮增长机会。

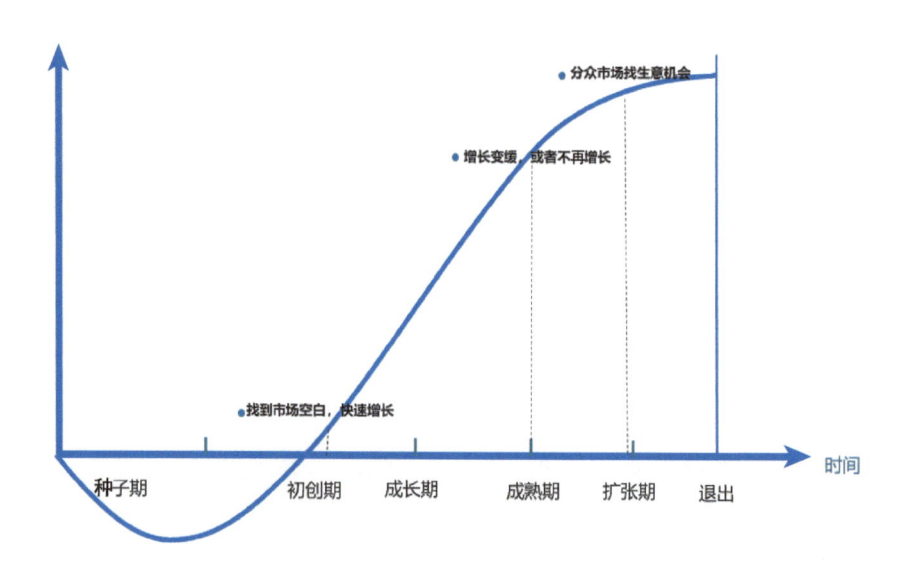

图 4-11　企业发展周期图

## 4.4.2　分众市场定义新品类

这里介绍宠物行业（卖狗粮食品类）如何利用数据做狗粮产品创新的案例。在该案例中，企业通过数据分析捕捉到行业新趋势，即分析客户对天然粮的诉求，进而推出新品类：天然粮产品。

2018 年的宠物行业虽然看起来是个蓝海行业，但宠物食品公司也面临各类竞争对手的挑战。某宠物公司开始关注客户对"天然粮"的讨论，以及竞争对手对"天然粮"的定义等。他们预测"天然粮"可能是一个很好的产品创新突破口，并对宠物食品的产品创新做了如下思考。

思考 1：成熟品牌进入大众市场，靠规模化销售取胜，当到达一定程度后，再想围绕大众市场做产品创新会变得很难。

思考 2：针对成熟市场，正确做法是找到分众市场的空白点。例如，他们发现大家都在讨论一款新的狗粮产品——"天然粮"，竞争对手也在讨论，客户也在讨论,这是因为"天然粮"赋予了对狗粮产品的新的定义。

思考3:对于企业来讲,进行新产品创新可能带来巨大的经济价值,这意味着企业值得花时间进行一番研究、分析。

以前,传统产品创新的方法是:企业相应的调研团队进行问卷调研,然后将问卷调研结果给产品研发人员作为参考,帮他们进行产品创新。

在大数据时代,用数据分析进行产品创新的方法是:利用爬虫技术,在互联网中抓取海量的客户意见,以及和"天然粮"相关的关键词,让企业能够快速进行新产品的定义,加速品类创新。具体思路如图4-12所示。

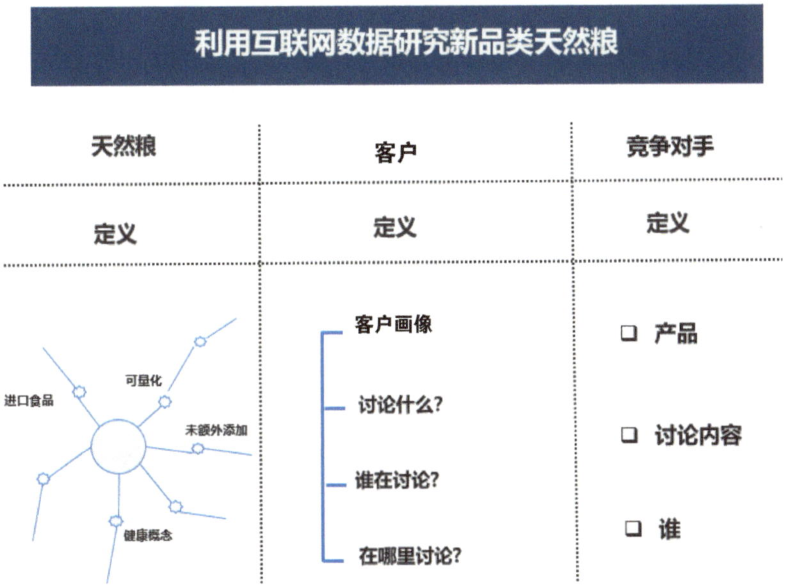

图4-12 利用互联网数据研究新品类天然粮

天然粮品类的产品创新可以参照如下流程。第一,从互联网海量的数据里找到潜在客户对于天然粮的讨论信息,提取天然粮的关键信息。第二,企业在互联网上找到潜在客户群体的特征,他们讨论的内容、在哪里讨论,基于此,企业可以对天然粮的种子客户有比较清晰的认识。第三，企业根据自己的客户群体、市场定位，找到潜在的竞争对手，研究潜在竞争对手对天然粮的定义。第四，将这些信息实时反馈给企业研发部门，指导企业的产品创新。

## 4.5 客户数据平台建设及应用

前面主要介绍了企业中决策优化的一些应用场景，接下来介绍集成 CRM 的客户数据基础平台，以及针对客户的五大运营服务模式。

企业对 CRM 进行集成整合，需要经过以下过程：客户信息集成，进行客户分群，制定营销及运营策略，执行这些策略。图 4-13 展示了从集成客户信息到执行的全部流程。

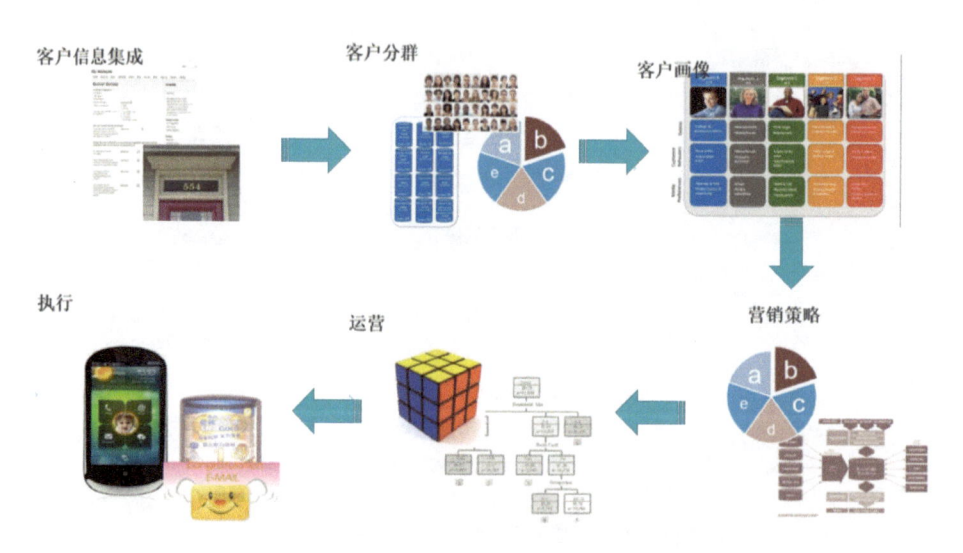

图 4-13　从集成客户信息到执行的全部流程

客户信息集成：指企业整合并集成来自各方的与客户相关的数据。

客户分群：针对整理好的客户数据，对每个客户进行分层管理。

客户画像：企业利用数据做客户画像，帮助企业的管理者理解自己的客户。

营销策略：在理解企业客户的基础上，针对不同的客户群体，对客户进行分层管理，向不同的客户推送不同的内容，与客户进行互动以促进转化。

运营与执行：在前面步骤的基础上，使营销策略在实际运营过程中落地。

绝大多数企业都会建立客户数据平台，以便于更好地管理客户，并有效地利用企业的客户数据。

### 4.5.1 客户数据平台建设

客户数据平台主要指客户数据库，其结构如图 4-14 所示。客户数据库可以为企业业务提供强大的支撑。

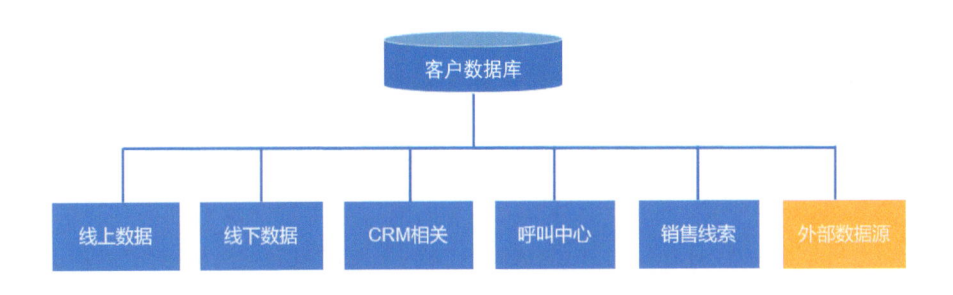

图 4-14 客户数据库

该方案与传统的客户数据库相比，有以下几个不同之处。

- 引入了内部、外部客户优化、预测、分析功能。

- 和外部多方数据源合作，构建企业第一方客户增长入口。

- 将线上、线下数据打通，帮助企业做数据的沉淀与分析。

- 对接外部软件运营服务内容，集外部热门创意、内容于一体，构建智能客户运营平台。

### 4.5.2　五类运营服务模式

企业在建设好客户数据库、定义出相应的应用场景之后，要让搭建好的客户数据平台能够更好地发挥作用。这时候，企业主要面临线上和线下两大销售场景。企业针对客户的数据驱动运营服务相应地也分为线上和线下两种。具体到落地层面包括五类运营服务模式：个性化内容推送、客户生命周期路径分析优化及CRM策略、电商平台触达、转化路径优化分析、天猫旗舰店运营。

下面具体介绍这五类数据驱动运营服务模式。

（1）个性化内容推送：针对不同的客户群体，推送不同的内容。

（2）客户生命周期路径分析优化及CRM策略：研究客户的整个购买路径，找出客户从哪些节点进入、流失，哪些节点转化率过低，对这些关键节点进行优化。

（3）电商平台触达：企业可以通过LBS（基于位置的服务）等找到潜在客户，通过找到客户唯一的Device ID（设备标识码），在电商平台（如阿里巴巴、京东等）进行广告投放，并且通过A/B测试查看客户整体转化情况。

（4）转化路径优化分析：平台类企业可以采集客户转化路径相关数据，分析自己在哪些领域较弱，哪些领域较强，针对较弱领域投入更多资源，寻找可以优化的空间。

（5）天猫旗舰店运营：很多零售品牌企业都已入驻天猫，在天猫开设旗舰店，售卖商品。企业可以与一些供应商合作，帮助品牌做客户运营。

## 4.6　借助大型数据平台开展数据化运营

在阿里巴巴、京东这样的大型平台中，有大量的中小企业开店销售产品。另外，还有一些代运营公司会给某些大品牌企业管理旗舰店，对旗舰店进行店铺装修及客户运营。大家普遍认为，对零售类公司而言，其线上销售对线下销售的冲击最大，某些品类在线上的销售价格也比线下要便宜很多。

企业在电商平台上销售商品，会产生各种与产品销售及客户相关的数据，于是出现了一批依赖淘系电商平台，利用企业旗舰店中的数据给企业做数据分析及客户运营的公司。

阿里巴巴、京东这样的平台型企业，也做品牌企业的生意，除让品牌企业在平台上投放广告、销售产品之外，还针对品牌企业提供相应的技术平台。如阿里巴巴有专门的"品牌数据银行"，品牌企业可以借助阿里巴巴提供的品牌数据银行，对企业自己的客户交易数据进行建模、分析等。阿里巴巴也为企业提供一些企业客户画像、研究报告。还有很多同级别的公司，拥有一定的数据量，也会针对小型企业提供数据分析结果。值得一提的是，这些互联网公司提供的基本都是人群特征方面的分析，很少能够提供对品牌企业自身的分析。

这类互联网公司的一般做法是，利用自身数据优势，搭建基础的数据平台，打造可以做可视化分析的工具，此类工具能给出关于客户画像、购买情况、消费行为、渠道来源、购买时间等的分析报告。企业客户开通账户后，可以通过此类工具看到自己的销售情况。

当前，大多数传统企业（尤其是零售、快速消费品行业）都面临产品升级、服务跟不上新生代客户需求的情况。对传统的实体企业来说，和不同类型的公司合作可以获取更多流量，打通新的销售渠道，也会为企业的客户运营提供新的思路。

（1）电商平台：众多企业会在阿里巴巴、京东、唯品会、拼多多这些电商平台上进行产品销售，这些企业也相信，借助这些电商平台可以实现销售额的持续增长。

（2）短视频平台：短视频平台深受"90后""00后"的喜欢，企业可以将其作为品牌创新、吸引流量的新的市场渠道，这些短视频平台有抖音、快手等。

互联网公司比传统企业更懂年轻的客户，它们"自带流量"，平台上有富足的数据资源。

这类互联网公司的主要变现方式是广告投放。另外，国内还有一些生产数据的公司，这些公司包括中国移动、中国联通，以及利用语音相关技术发展起来的科大讯飞等，这些公司也都在找一些数据变现的机会。传统企业可以和这些企业在数据、技术、商业等方面进行合作。

# 第 5 章

# 数据科学与企业管理决策

考察一个人的判断力,主要考察他信息来源的多样性。

——阿玛蒂亚·森

本章重点介绍人类是如何做出决策的，并引入畅销书《原则》中提到的管理决策背后的一套人类决策系统，进而提出企业管理以及决策分析要使用到的模型，介绍这些模型的应用场景及实际工作中建模普遍面临的问题。

## 5.1 企业管理决策

企业的管理决策，一般应用在管理者关注的核心运营、业务领域，或者企业所在行业需要提升的领域。企业管理决策需要企业管理者有相应的决策能力。本章先介绍人类的决策过程，在此基础上，讨论企业的管理决策。

### 5.1.1 人类的决策过程

人类在日常的生活、工作中，每天都面临着大量的决策。下面介绍电视节目中的一个游戏，从该游戏中，可以观察人类是如何做出决策的。

1. 决策游戏

情景1：假设你参加一个游戏并赢得了1000元。

在你离开之前，主持人请你做选择：

（1）（抛硬币决定）有50%的机会能再赢1000元，另外50%的机会是什么都赢不到。

（2）直接再拿走 500 元。

情景 2：还是这个游戏，不过你刚开始赢得了 2000 元。

在你离开之前，主持人请你做选择：

（1）（抛硬币决定）有 50% 的可能是损失 1000 元，另外 50% 的可能是什么也不损失。

（2）直接损失 500 元。

同样的游戏，类似的描述，面对再赢与损失，人们是如何进行决策的呢？

统计结果如下：

- 在情景 1 中，大部分人都会选择直接拿走 500 元。这类人宁可获得确定的 500 元，也不愿冒险赌一把拿走 2000 元。
- 在情景 2 中，大部分人不喜欢确定的损失。这类人倾向于为了保全 2000 元而赌一次，即使很可能最后只剩下 1000 元。

通过这个电视节目游戏，得出这样一些结论：

（1）人们总是从利己的思路出发，面对不确定的利益，人类更愿意选择确定的利益，哪怕后者价值小于前者。

（2）人们不喜欢确定的损失。

由此可见，人们在生活中做出各种决策时，都隐含着某种规律。上面虽然只是一个游戏，但也可以为企业的管理决策提供某些参考。

## 2. 管理决策

在畅销书《原则》中提到一个观点：人类在生活和工作中做各种决策的过程，类似于一个函数，也可以称为人脑的认知处理系统，这个系统有输入及输出功能，指导人类在各类生活、工作场景中做出决策。

按照作者的观点，每个人都有自己的认知系统（认知经验函数），当人们在进行决策的时候，会将自己认为重要的各种因素做一个重要性排序，人类头脑中的"认知函数"会将这些排过序的因素进行处理，产生一系列决策结果，并从中选择最优的一条决策结果。人类认知系统进行决策的函数如下：

$$D(x_1, x_2, \cdots, x_m) = n_1 x_1 + n_2 x_2 + \cdots + n_m x_m$$

在该公式中，每一个变量 $x_i$ 表示管理者身边一个亲近的人，这些亲近的人包括其他同级管理者、技术顾问、专家、亲信等，不同的人被赋予了不同的信任权重。任何一条决策的输出都基于变量与相应权重的乘积之和。因为给身边不同的人赋予的权重值不同，所以会产生不同的决策。

接下来介绍企业管理决策，以及如何利用上面提到的隐含的规律做出更好的决策。

### 5.1.2 企业管理决策

企业管理决策，指企业为了实现战略决策而对企业内外部资源进行有效的组织、协调，使企业的生产活动正常进行的一种决策。中高层管理者为了保证总体战略目标的实现而做出的决策，旨在提高企业的管理效能，以实现企业内部各环节生产活动的高度协调，资源的合理配置及利用。

企业在经营的过程中，经常需要优化运营、营销或者生产等环节。当企业面临这些问题时，企业的决策者需要能够运用数据分析、企业管理决策技术做出有效的决策。

人类在进行决策时，认知决策系统会根据人的经验，按照相应的规律或规则进行输出。对比企业利用规律、规则进行管理决策的过程，不难得到这样的结论：在一个好的企业管理决策机制中，专家经验应该占有较高权重，其他各类因子的权重相对低一些。一般来讲，多个专家的经验确定的决策更容易成为比较好的决策。

在理解企业管理决策基础上，接下来介绍企业管理决策应用的方向，以及传统企业管理决策优化的步骤。

1. 企业管理决策应用的方向

绝大多数企业会重点关注企业的运营、营销及产业能力提升等方面。管理决策分析是企业数据应用战略能力中不可或缺的一个核心能力，也是最容易被一些传统领域的企业所忽视的能力。

企业管理决策分析主要有三个应用方向：

（1）制定业务核心战略。

（2）提升产业能力，看清行业需要提升的领域。

（3）服务于CRM相关领域。

2. 传统企业管理决策的优化步骤

下面以房地产行业为例，介绍房地产企业如何找出企业当前需要解决的问题，建立数据应用战略团队，以及制定组织文化协作模式等。

1）找出企业当前需要解决的问题

房地产企业当前需要解决的问题分为以下几类（这里只列举运营方向的

问题）。

  战略核心目标：销售额增长，用户增长，新渠道开拓，新产品开发。

  行业能力提升核心目标：提升销售人员工作效率，开发并设计新产品。

  数据运营驱动服务核心目标：提升 CRM 运营效率、销售效率。

  传统企业确定当前面临的问题后，业务负责人会从业务视角，思考如何在现有体系下制定企业业务发展战略，以解决上面提到的房地产行业面临的问题。

  2）建立数据应用战略团队

  在数据时代，如果不懂数据，不懂策略，不会运用数据为企业某些环节做提升，企业的数字化能力就会变得很弱。企业可以引入懂数据、能够用好数据的人才，建立数据应用战略团队，数据应用战略团队会根据企业当前面临的问题，从数据视角帮助企业规划数据应用项目，并分步骤实施推进，以更好地达到企业业务目标。

  3）制定组织文化协作模式

  一个好的数据分析项目，有时需要各业务部门合作才能落地，可能会改变企业原有的一些业务流程。要想保证项目能够在企业中落地，企业在规划数据分析项目时，首先要梳理出企业业务战略目标或者当前面临的现状及难点。其次，数据应用战略团队从数据视角去规划，提出需要设计什么样的商业模式、思路、组织文化，投入什么样的资源、资金，以及达成什么样的外部合作才能够完成该目标。这和以往的纯业务战略视角的运营不一样。

## 5.2 数据决策分析模型

  本书并非一本介绍算法模型原理的书，但是为了让读者能够更好地理解数据决策分析模型原理是什么，可以解决哪些问题，以及如何在工作中培养数据决策分析模型的思维，还需要重点介绍一下工作中最常用的两种模型：分类模型与回归模型。

### 5.2.1　分类模型与回归模型

在日常工作中，企业面临的、需要利用数据解决的应用场景主要可以归纳为分类问题和回归问题，如表 5-1 所示。

表 5-1　分类问题和回归问题

| 问题类型 | 问题描述 |
| --- | --- |
| 分类问题 | 解决各种关于分类的问题，如植物、动物、人群分类研究等 |
| 回归问题 | 利用现有的一些数据，近似模拟一个函数，通过函数来预测未来的趋势，如预测销售额、预测机票价格、预测谁可能会点击等 |

分类问题和回归问题都会涉及预测分析，只不过分类问题要预测的目标是离散的变量，回归问题预测的目标是连续的变量。下面详细介绍一下这两种模型及其原理、数据分析建模过程、常用建模算法及工具，以及影响建模的主要因素。

#### 1. 分类模型及原理介绍

分类就是通过一些具有区分度的特征来对某些特定的事物进行区分，比如对植物、动物、人群的分类。

生活中有一些简单的分类问题，可以通过肉眼观察比较轻易地解决。比如犬类的品种，根据毛色、外形这些特征很容易区分。还有一些事物，人通过肉眼是很难进行区分的，比如外观非常相似的两种花骨朵。

针对这些分类问题，可以通过采集一些能够区分事物类型的特征，训练一个模型，通过模型找到隐含的可以应用于分类的规则。"训练"就是拿一些样本数据，选取一个模型，让模型读取样本数据，看是否能进行正确分类。对于错误的分类进行模型调整，直到找到一个比较好的模型，可以更准确地分类为止。

比如在区分犬类品种的例子中，毛色、大小、外形可以作为一组很好的分类条件。当犬的毛色、大小、外形数据被输入的时候，就可以通过之前训练好的模型，判断该犬属于哪一类。数据决策优化的目标之一是，找到一个合理的规则，对事物进行合理分类。

对分类问题而言，预测结果是离散的。下面的例子是对乳腺癌的性质（是否恶性）与肿瘤尺寸的关系的判断，乳腺癌是否恶性的属于预测目标（预测结果有恶性和非恶性这两种），并且假设乳腺癌的性质与年龄和肿瘤尺寸有图5-1所示的关系。

从图中不难发现，这里找到了一条曲线（规则），能够很好地展示出肿瘤性质与患者年龄及肿瘤尺寸之间存在的关系。因此，只要输入患者的年龄及肿瘤的尺寸，就可以判断这个人患的肿瘤是否恶性的。

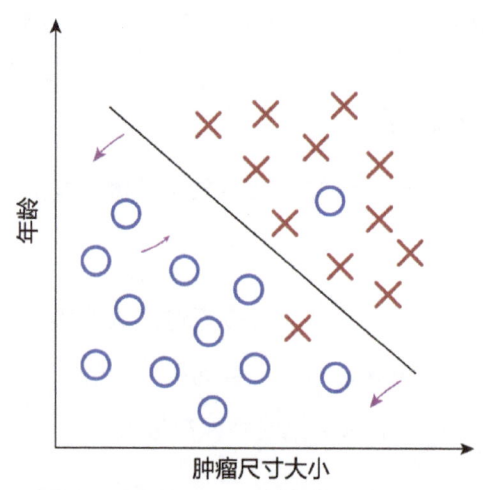

良性肿瘤样本点标记为 o，恶性肿瘤样本点标记为 x

图 5-1　分类问题案例

从这个例子中可以看出，分类就是通过对已有数据集（训练集）的学习，得到一个目标函数 f（模型），将属性集上的 x 映射到目标属性 y（y 必须是离散的，否则属于回归问题）。

2. 回归模型及原理介绍

回归模型主要是根据历史沉淀数据预测未来的变化。比如，根据以往的销售记录预测未来的销售额，根据房子的大小预测房子的价格。

回归模型与分类模型的一个最大的区别在于回归模型预测的值是连续的，而分类模型预测的结果是离散的。回归模型和分类模型是类似的，同样能够找到一条曲线（一条曲线对应于一个函数），拟合、捕捉潜在规律。

下面的例子介绍了房子的大小和价格的关系。

在图 5-2 中，横坐标表示交易房屋的面积，纵坐标表示房屋的交易价格。图中显示出房屋的交易价格与房屋面积存在某种函数关系。

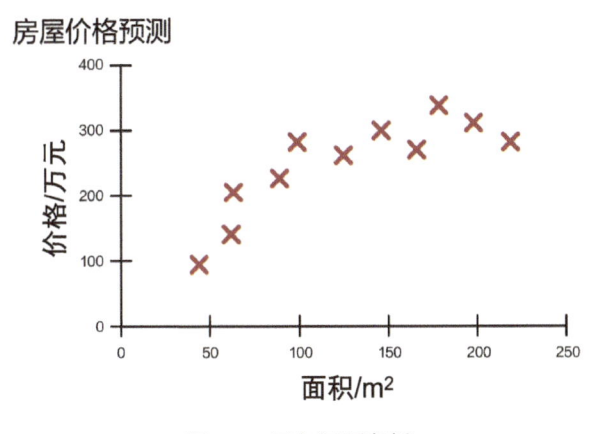

图 5-2 回归问题案例

对于回归问题而言，预测结果是连续的。房屋的交易价格属于预测目标，它是一个连续的数值。通过这个模型，只要输入房屋的面积，就可以计算出房屋的交易价格。

上面介绍了工作中最常用的分类模型和回归模型。在实际工作中，还会涉及大量其他的算法模型。当遇到一个具体应用场景的时候，可以找到能解决该类问题的几种算法模型，进行分析比较，最终找到最适合的算法模型，进行建模并解决相应的问题。

### 5.2.2　数据分析建模过程

如图 5-3 所示，企业在利用数据分析决策模型解决某个具体的业务问题时，主要经历六个阶段：

提出商业问题→数据准备→数据理解→模型建立→模型评估→模型应用（部署）。

提出商业问题：企业需要清晰地判断出当前面临的问题，在上面的案例中，要找出房屋大小与交易价格之间的关系就是一个比较清晰的业务问题。

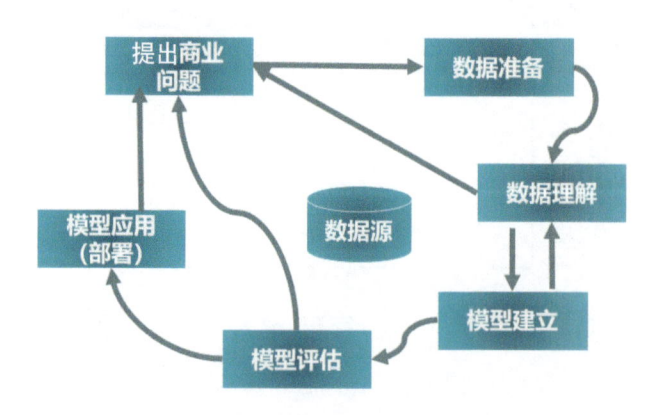

图 5-3　数据分析建模全流程

数据准备：需要找出影响房屋交易价格的各类因子，可能包括房屋的建成时间、大小、朝向、周边环境等。

数据理解：在准备好数据之后，查看这些输入变量之间的关系、输入变量与待预测目标变量之间的关系，理解数据背后隐含的模式。

模型建立：采用相应的统计分析模型，用上面的样本数据训练模型，找到一个能够指导交易价格的规则。

模型评估：通过计算各种模型的评估指标，分析模型的准确率、稳定性等。对于准确率低、稳定性差的模型需要持续进行优化、调整。

模型应用（部署）：模型被证明可以应用于生产之后，需要部署在系统中。

以上六个部分组成了数据挖掘的标准流程。在具体的企业实践中，也可以省略中间某些部分。

## 5.2.3 常用建模算法及工具

下面我们介绍在工作中常用的数据分析建模算法，以及相应模型的建模工具。

### 1. 工作中常用的模型

机器学习算法在工作中的受欢迎程度如图 5-4 所示。

从图中可以看出，逻辑回归模型是最常用的机器学习算法。决策树、随机森林、神经网络等算法也比较常用。在企业的具体实践，如预测性维护分析、质量分析、用户研究、市场研究中，只要能搜集到并整理出一些数据，就可以通过这些算法模型找到一些隐含的规律。

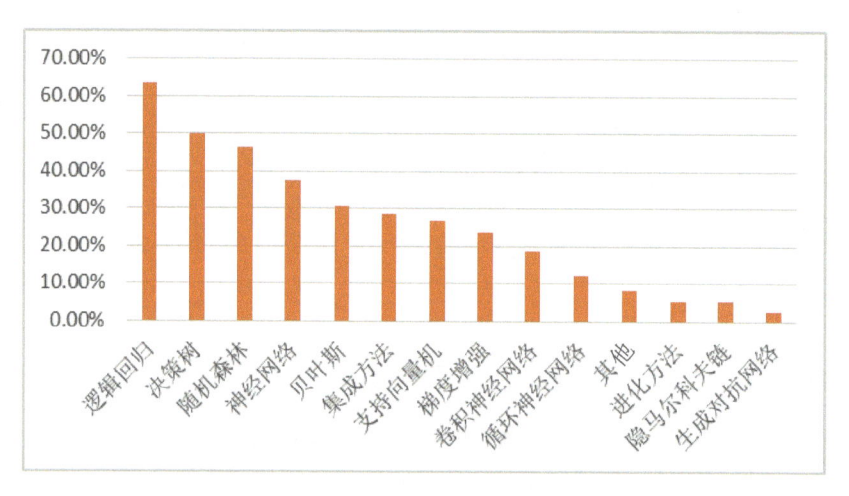

图 5-4　机器学习算法在工作中的受欢迎程度

## 2. 建模工具及语言介绍

Python 是数据科学家最常用的数据分析工具，R 语言紧随其后。近几年随着人工智能的发展，Python 越来越流行。事实上，有计算机从业背景的人员更倾向于使用 Python，统计分析人员偏爱 R 语言。图 5-5 展示了 2018 年数据科学领域最热门语言排行榜。

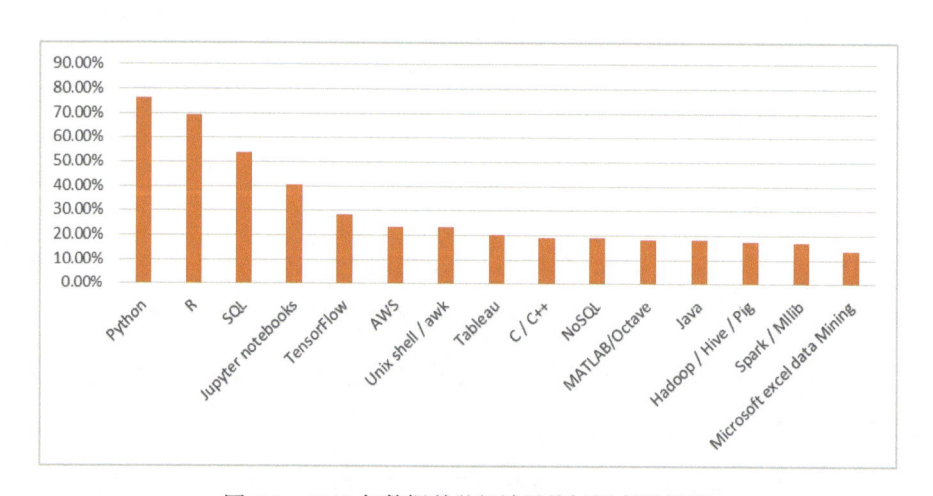

图 5-5　2018 年数据科学领域最热门语言排行榜

## 5.2.4 影响建模的主要因素

企业想要启动数据决策分析模型相关的项目,在具体的实践过程中,还会面临一些问题,如图 5-6 所示。

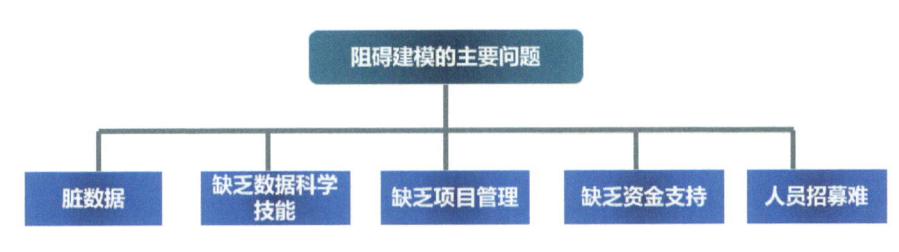

图 5-6 影响建模的主要因素

从图中可以看出,脏数据问题是影响建模的主要因素之一。此外,缺乏数据科学技能、缺乏项目管理、缺乏资金支持、人才招募难也是困扰企业的常见问题。

因此,企业在启动数据决策分析模型项目之前,需要了解自己的数据现状,在此基础上进行合理投资。对于企业中存在的脏数据,企业需要梳理自己的数据源,找到质量比较可靠,能够支撑数据决策分析模型的数据。

## 5.3 用户增长及转化

任何一个企业都面临着用户增长、用户运营,以及促使用户进行转化等问题,这些问题已成为营销和市场部门管理者面临的首要问题。

### 5.3.1 用户增长

对绝大多数零售类、快速消费品类、3C 类企业来讲,电商已成为主要的销售增长渠道。大多数实体企业的电商渠道销量占比不够大,普遍面临着线下增长乏力,线上增速变缓,新渠道创新困难的现状,企业应该在各流量入口处寻找更多的销售线索，在转化环节有意识地进行"埋点"，采集用户的相关数据，确定相应的用户购买决策场景，研究该场景下的用户画像，并在画像基础上进行销售场景的复盘、还原，推测出真实的购买环境，促成交易。

### 1. 新会员招募

对于新会员招募，传统的做法是企业自发寻找用户，并将数据放到自己的 CRM 数据库里，进行用户运营。

当前面临外部流量入口的多元化，更多的外部销售线索也成了吸引新会员的方式。例如日常通过微信、微博、电子邮件、短信的运营拉到新用户，通过异业合作（与互补领域厂商合作，共享客源）拉到新用户，与第三方数据公司合作拉到新用户，等等。

### 2. 老用户拉新用户

一个老用户可以带给企业更多的有效用户。这里的老用户指的是有过购买行为，且分享意愿比较强烈，愿意把好的内容分享给身边的人的用户。

利用老用户拉新用户是近些年互联网上非常常见的一个运营场景。该方法可以参考拼多多的运营策略，通过激励用户完成简单的任务，可以帮助企业带来更多的用户，进而促使销售额持续增长。

这两种拉新的方式，一种是企业一贯的做法，通过运营、营销寻找到更多新的会员用户，另外一种方法很好地利用了企业的老用户，通过老用户运营带来更多的新用户。

## 5.3.2 用户运营及销售转化

不同企业对于自己的用户有不同的营销策略及运营方式，通过不同的运营方式促进用户购买更多产品及服务，这就是用户的销售转化。

针对用户提供不同的运营激励方法，能够给企业带来不同程度的销售转化。下面整理出互联网公司使用最多的运营方法，其中的一些方法，比如分享红包、直销裂变、团长免单等都在互联网公司中取得了比较好的效果。

1. 互联网公司运营方法

表 5-2 中是当前互联网公司使用较多的运营方法，不同的运营方法可以应用在不同的场景中，有兴趣的读者可以自己研究每一种运营方法适合应用在哪些场景中。

表 5-2　互联网公司运营 26 招

| 互联网公司运营 26 招 | |
| --- | --- |
| 1. 分享红包 | 2. 直销裂变 |
| 3. 拼团优惠 | 4. 自动升团 |
| 5. 团长免单 | 6. 帮我砍价 |
| 7. 报名抽奖 | 8. 异业联盟 |
| 9. 新校拉新 | 10. 会员共享 |
| 11. 合伙人 | 12. 爆款引流 |
| 13. 定时秒杀 | 14. 分享抽奖 |
| 15. 线下发红包 | 16. 支付立返 |
| 17. 公益活动 | 18. 任务减免 |
| 19. 活动签到 | 20. 月饼故事 |
| 21. 会员打卡 | 22. 点赞营销 |
| 23. 饥饿营销 | 24. 特色体验 |
| 25. 组合营销 | 26. 联盟卡营销 |

对企业的经营者来说，企业产品及服务要想有更好的转化，离不开自己的产品、服务的品质，以及产品在用户心目中的品牌形象。另外，好的营销、运营工具，可以将企业的好产品广而告之，让企业的产品或服务卖得更好。

## 2. 用户的裂变式增长

用户的裂变式增长是近几年比较火的一个方向。用户裂变式增长能够实现的核心是：让每个用户在看到好的内容、产品、服务之后，可以自发地通过朋友圈分享高质量的内容进行传播。裂变式增长能让企业的品牌塑造及传播更加高效，更容易促进销售额的增长。裂变式增长的模式如图 5-7 所示。

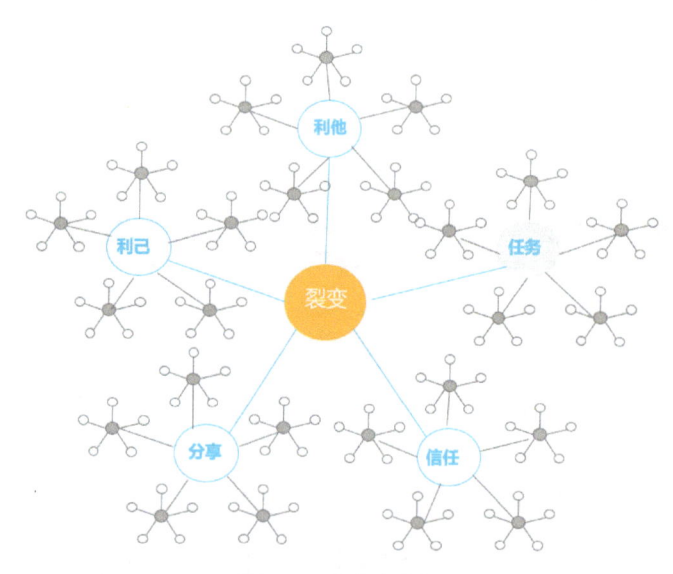

图 5-7 裂变式增长

那么如何让用户愿意分享呢？用户能否受到激励的一个关键因素在于，企业能否给用户足够的好处。比如，把营销广告投放的相关费用作为"福利"转移给用户。在整个过程中，传播者、传播路线、传播的内容、用户积分、时间等数据都可以被企业采集，并可针对不同的用户群体采取不同的策略。

## 5.4 广告投放及市场开拓

2017 年国内某广告论坛上，有人提到很多大公司都在削减数字营销的费用，其原因主要有三点：第一，数据大多不真实；第二，很多公司做的数据服务同质化，从来源到轨迹再到产品形式都差不多，技术含量越来越低；第三，用户消费场景的碎片化、个性化，导致了数据的碎片化，不能满足现有数字营销工具对数据相对标准化的要求。

广告投放的媒体优化，是一个比较复杂的问题。广告投放领域面临着广告投放数据不真实等诸多问题。广告投放链条上代理过多，涉及代理方、投放方、品牌方等各方利益，广告投放的可视化及广告的有效性评估变得更难，这些现状使得企业的广告投放优化更是难上加难。

本节主要介绍广告策划及投放执行的整个过程。企业采集到广告投放相关数据之后，可以通过模型从中找到 20% 的未来可能购买产品的用户。

### 5.4.1 广告投放策略优化

广告投放策略优化是指企业对于投放的广告，监控整个投放执行过程，对结果进行统计，通过采集并分析广告投放相关的数据，进行投放策略分析优化，以提升广告投放的有效性。

图 5-8 展示的是某企业广告投放执行过程及策略优化分析过程。

企业的广告投放策略优化及分析可视化的具体做法是：采集企业广告投放相关数据，包括投放活动名称、投放内容、投放媒体、点击量、曝光次数等。企业收集到这些数据后，可以利用外部数据对比投放后的效果，指导下一步的广告投放。针对每一次广告投放，可以利用外部数据对投放面向的用户群体进行研究，验证是否和投放之前的假定群体一致。同时，也可以让企业找到投放的这些群体里，哪些用户可能有更好的销售转换效果。

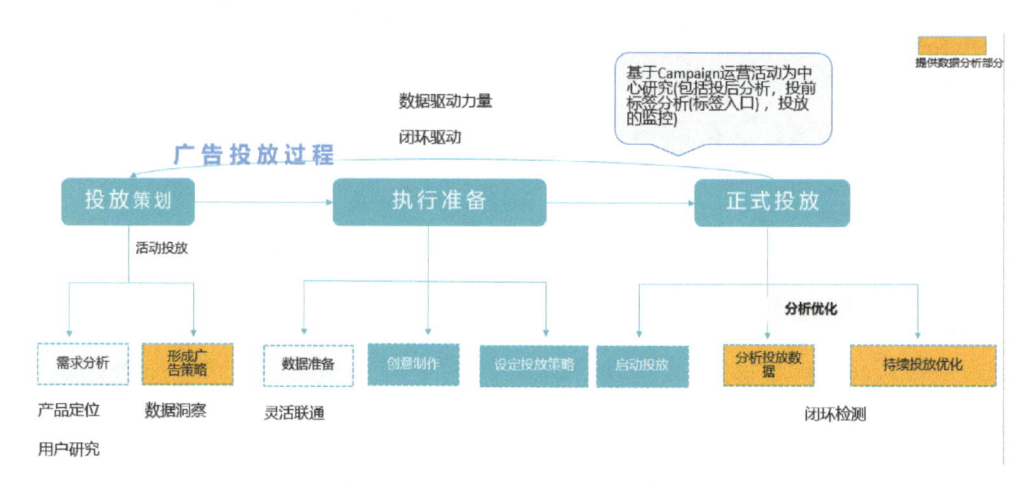

图 5-8　广告投放执行过程及策略优化分析

## 5.4.2　寻找 20% 的可能转化者

在快速消费品类公司中，普遍流行着一句话：渗透率决定了销量。快速消费品类企业追求较高质量的潜在用户群体中的渗透率，通过足够高的渗透率带来持续的销量。但是，面对快速消费品类更多的新品和竞争对手，面对用户群体的年轻化和消费场景的碎片化，快速消费品类公司的生意变得越来越难做。

对一家企业来讲，整体销售额的增长，主要取决于 20% 的用户，而不是所有的用户，所以企业要努力寻找这 20% 最可能转化的用户。

企业找到这些潜在用户之后，可以针对该消费群体，进行有针对性的广告投放。在最初，企业可以只研究线上渠道的广告投放，一个渠道研究透彻后，再研究其他渠道的有效投放。

未来广告的投放将越来越依赖数据。企业投放的广告类型，也会越来越清晰地分成两个部分：品牌广告和效果广告。

企业在投放广告的时候,应该更多地关注产品对应的消费场景,基于消费场景去寻找相应的分众市场的用户群体,然后有针对性地进行效果广告的投放。

### 5.4.3　电商站内广告投放优化

对于一些企业来说,电商业务增长依赖第三方电商平台(如天猫、淘宝),这些企业经常会在第三方电商平台上进行广告的投放,来提升电商业务线上的销售额。下面介绍一个围绕淘系业务为公司进行广告投放优化的案例。在该案例中,该科技公司专注于淘系电商钻展、直通车(钻展、直通车都是电商平台专为卖家提供的不同的效果营销工具,钻展偏向于人群,可以做人群的精细化筛选,而直通车主要用于定向推广)数据分析,预测用户下一步的动作。电商站内用户投放优化过程如图 5-9 所示。

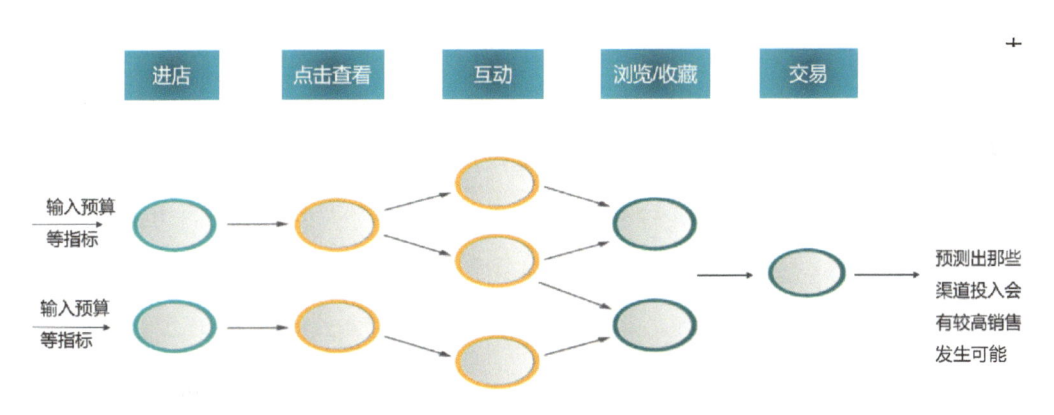

图 5-9　电商站内用户投放优化过程

该公司通过让用户方企业授权采集相关数据,包括回流数据、CPM(按展示付费)数据、CPC(按点击付费)数据、成交数据等,并基于以上数据构建一套算法模型。用户方企业根据科技公司的要求,在模型中输入活动预算类指标数据,针对不同的预算,系统会根据以往的情况,帮助企业优化整个用户决策路径中的投放情况，并将其可视化。

在该案例中，该科技公司还会采集一些过程数据、历史数据，通过机器学习算法模型，设置好参数，最终得到端对端的解决方案。

## 5.5 市场空白的发现及开拓

市场空白的发现及开拓，对企业来说是比较重要的。企业要发展，就需要不断发现自身业务领域的市场空白，开拓新领域。

### 5.5.1 市场空白的发现

企业在规模化生产到达一定阶段后，要提高销售业绩就变得愈加困难。在这个阶段，企业需要研究自己所在市场，寻找新的市场空白区域，在该市场区域进行产品创新。

企业在进行产品创新时，一定要了解市场结构。众所周知，中国市场是一个复杂的多元化市场，地域辽阔，人们的生活习惯各异，经济文化水平也体现出一定的地域性特征，因此中国的市场结构是复杂的、有层级的。

1. 基于场景的品类细分市场研究

当一款新产品进入某个地区时，需要思考的问题包括确定该新产品的品牌定位，该品牌的消费场景有哪些，在不同消费场景下分别有什么样的消费群体，该产品在该消费场景下可以满足用户的哪些需求，以及如何进行品牌广告的投放等。

在图5-10所示的案例中，企业在研究市场空白时，首先明确了该糖果类产品的一些消费场景，如在"晨跑""早餐"这样的场景下用户可能会消费这一类产品。针对这些消费场景，可以为产品设计一些标签，如"代餐""能量棒""粗粮""健身"等。有了这些消费场景和与之对应的产品标签，通过外部的大数据平台进行分众市场的用户群体研究，如用户的群体画像、用户在哪些渠道比较多等，进而就可以针对不同的场景、不同的渠道及不同的市场，制定有效的广告策略，促进用户增长及消费转化。

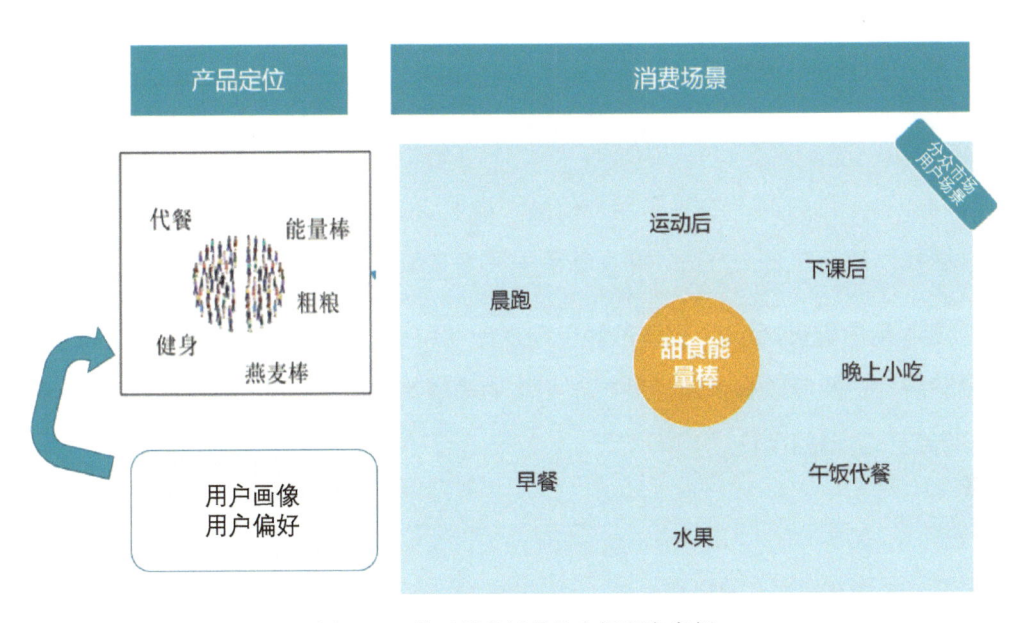

图 5-10　基于消费场景的市场研究案例

## 2. 针对创新品类第一阶段的增长策略

前面介绍了企业在进行产品创新之前，如何找准早期的空白市场，接下来介绍企业在成长过程中应该制定的用户增长策略。

如图 5-11 所示，当某一款新品进入市场后，一般会经历两个阶段：种子用户期、用户增长期。

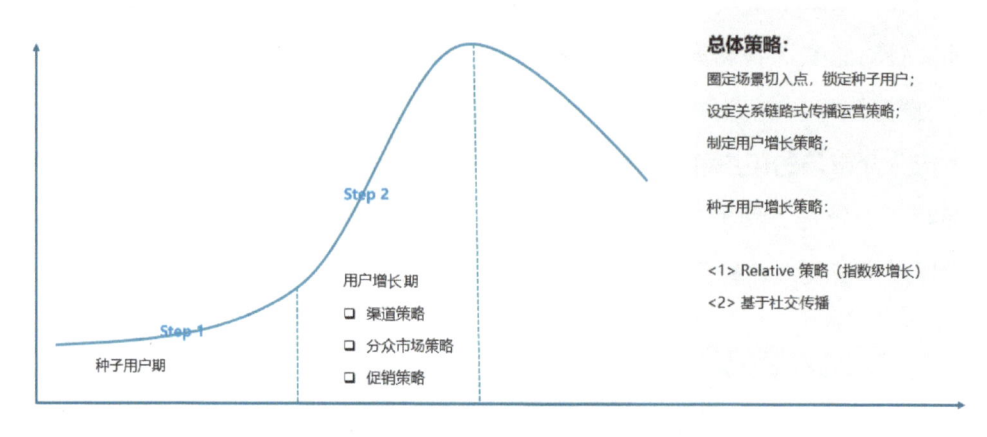

图 5-11　创新品类增长阶段

（1）种子用户期：在种子用户阶段，要设定好关系链式的传播运营策略，研究并寻找早期用户增长方法，帮助新品关注度在第一时间获得快速持续的增长。

（2）用户增长期：企业经过种子用户期的积累，对用户的特征、行为有了一定的理解。企业可以有针对性地制定相应的渠道策略、分众市场策略、促销策略，以"绑定"更多的用户。

### 5.5.2　新市场的开拓

发现了市场空白之后，下一步是市场开拓。市场开拓是企业发展过程中市场活动的重要组成部分，企业在进行市场开拓时，需要充分利用数据，结合商业分析进行拓展。

共享自行车市场已经处于成熟期，某共享自行车企业也在思考如何使用户增长，如何从竞争对手那里获取更多用户，共享自行车应该投放在哪些区域，等等。对于共享自行车的投放，该企业先分析了三家以上的竞争对手的投放情况，一方面考虑到需要在市区进行相应的投放，另一方面注意到很多年轻人会在节假日出行，去一些郊区的景区。郊区的景区平时虽然比较冷清，但是在特定时间投放共享自行车，能满足很多用户的需求。基于这样的假设，该企业做了共享自行车的投放，收到了比较好的效果。

## 5.6 案例：快速消费品行业数字化的机会

下面以快速消费品行业作为研究对象，讲解快速消费品行业的发展趋势、用户特点、几大板块、提升机会，以及企业在线上与线下努力的方向。

### 5.6.1 快速消费品行业的发展趋势及用户特点

目前，快速消费品行业整体增长乏力，传统品牌大多依赖线上渠道（国内线上渠道主要包括京东、天猫）促进生意的增长，许多电商品牌同样面临终端用户增长、销售增长变缓的情况。

#### 1. 快速消费品行业的发展趋势

相关调研机构研究报告显示，中国快速消费品市场已进入增长缓慢期，长期呈现市场疲软态势，迫使相关品牌必须通过创新提升渗透率、增长率和市场份额。

在快速消费品领域，数字化技术带来了外卖送餐服务的繁荣发展，改变了中国用户的用餐习惯，这使得食品和饮料品类连续两年来销量呈现负增长趋势。有研究发现，在食品和饮料领域，除牛奶、瓶装水的销售情况比较好外，一些不健康的食品，如糖果类食品开始被用户拒绝。因为用户更关注健康，添加健康成分及为用户提供健康生活方式成为企业需要挖掘的卖点。对品牌企业来讲，专注于提升渗透率，似乎是促进增长的首要任务。

### 2. 快速消费品行业用户行为漏桶

基于对快速消费品行业的理解和行业用户消费行为的理解，结合外部专业投资调研机构的研究报告，笔者总结出，在快速消费品行业中，用户的购买呈现出一些新的特征：低频购买者大多数对品牌的忠诚度非常低，即使对领先品牌的购买频率也非常低，但对品牌企业来讲，这类购买者贡献了40%—50%的收益。在线上购物的时代，尽管重复购买便捷度高，但是用户结构依然像一个大漏桶。

通过快速消费品行业漏桶模式很容易看出，一个品牌的大多数购买者会在两年内转而使用新品牌，这就要求快速消费品公司不能奢望购买者持续购买更多的产品，必须不断吸引新的购买者，这意味着品牌企业需要将主要注意力放在低频购买者身上。

## 5.6.2 快速消费品行业的核心业务及机会

对快速消费品企业经营者来说，利用数据技术、新商业思维，帮助企业提升效率成为一个重要的议题。快速消费品品牌企业接触的更多是B端销售渠道，远离C端用户，从而导致这个行业的用户数据极度缺失（与航空、电商、银行等行业相比）。

### 1. 快速消费品企业的核心业务

对绝大多数快速消费品企业来说，需要花费精力研究的板块包括用户、市场、品牌、产品创新等部分。

这几个板块都面临着新的问题，具体如下。

（1）用户：如何理解用户群体，如何做用户增长，如何做品牌提升。

（2）产品：产品如何满足不断更新的用户的需求，如何设计出适合用户群体的产品，细分市场是否还有机会进行产品创新。

（3）广告：如何找到更可能转化的潜在用户，并进行触达。如何保证媒体的投放量化，效果优化，如何能够指导下次投放。在市场下沉的情况下，如何权衡品牌广告、效果广告的投放比例，如何策划效果广告的投放。

（4）销售端：如何做线上销售，如何突破线下销售不增长的困境，如何做新渠道创新。

以用户为中心的产品创新设计、新渠道的开拓、用户的数据驱动运营服务、用户研究，都为快速消费品领域注入了新的机会。针对碎片化的消费场景进行开拓创新也成为品牌企业关注的一个增长点。企业利用数据分析、人工智能等在核心业务上实现突破，才能在新的挑战与机遇中获得更好的发展机会。

### 5.6.3　线上与线下触点努力方向

快速消费品的客单价普遍偏低，其用户的消费行为属于冲动型消费，用完即走。一个品牌往往是一个时代的象征，随着时间的推移，品牌提供的产品服务，需要伴随着用户需求、口味的变化进行升级。跟得上的，可以保持持续增长及发展；跟不上的，伴随着外部环境的变化，产品、服务将逐步被淘汰！

市场研究机构凯度 & 贝恩公司在 2017 年发布的《中国购物者报告》中曾指出，大众消费品具有"冲动型购买""所见即所得""不忠诚"等特征，并表示这些品牌其实"平均每年都会流失 55% 的用户"，其用户基数模型"不是漏斗，而是漏桶"。

快速消费品与用户的触点包括：渗透阶段的触点、转化阶段的触点、渠道阶段的触点。在整个无底的漏桶中，对于每个环节进行优化，这样用户的转化就像是紧紧扣着的齿轮，刚开始的启动时候会很费劲，但是随着每个部分的优化，齿轮会越转越快，最后达到一个最优的稳定状态。在线上、线下的任何触点，以上齿轮驱动增长进行数字化改造的思想都适用。

整个快速消费品行业产品的销售，可以分为线上及线下两个部分。针对线上、线下的销售主要会有哪些策略及方法？下面整理了快速消费品行业线上、线下的采集数据及应用数据的思路及方向，如图 5-12 所示。

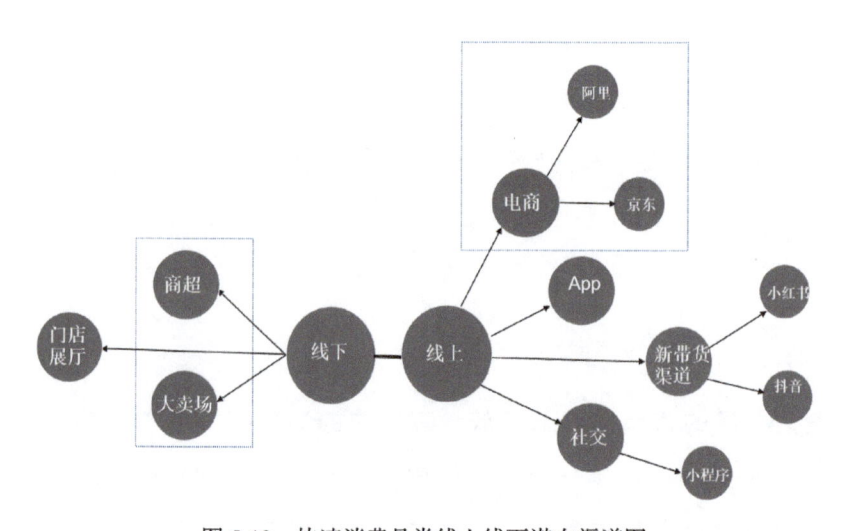

图 5-12　快速消费品类线上线下潜在渠道图

### 1. 线下销售渠道的数据分析方向

在线下销售渠道方面，企业可以和第三方线下渠道商进行合作，将线下的流量引入线上，或者针对线下用户，提供适合线下渠道的促销服务模式。

（1）在线下通过二维码、RFID（射频识别）技术等，将用户引入 HTML5 页面，埋点采集用户数据，争取将其转化到线上交易平台。

（2）在线下店铺、展会、交易场所，利用 Wi-Fi 技术寻找相应的用户。

2. 线上销售渠道的数据分析方向

在线上销售渠道方面，电商平台站内的投放可以和广告商进行合作，在京东、淘宝等平台上，实现对用户触达→转化→产生价值的过程。

社交渠道中，朋友圈是一个收集用户数据，引导用户进入消费场景的重要入口。另外，小红书、抖音等都是可能带货的渠道。

（1）电商平台：通过电商平台（如京东、淘宝等）进行广告投放，很容易研究用户的全链路购买路径，帮助企业发现用户在购买路径中的哪个环节容易流失掉，流失到哪里，发现那些需要改善的环节。

（2）App：某些品牌企业建设了 DMP（数据管理平台）系统，能够通过 App 对用户进行触达，引导用户到线上或者线下完成转化。

（3）社交：对于快速消费品的销售，朋友圈成为采集潜在用户数据，引导用户进入转化页的一个战场。裂变式增长、"团长免单"等运营增长思路，也给了品牌企业更多的启发。

（4）新带货渠道：近年流行的小红书带货、抖音带货、KOL（关键意见领袖）带货等都给快速消费品的销售带来了新的思路。

针对传统广告投放后难以有效跟踪其后续转化情况的痛点，可以考虑投放广告后，将用户引入线上的渠道或线下的渠道（可以是自己建立的电商销售渠道，也可以是外部的第三方销售渠道）。通过对转化情况的分析，看哪个渠道的广告投放效果好，制定并优化相应的广告投放策略。

图 5-13 所示为零售、快速消费品类全渠道用户触达及转化流程。

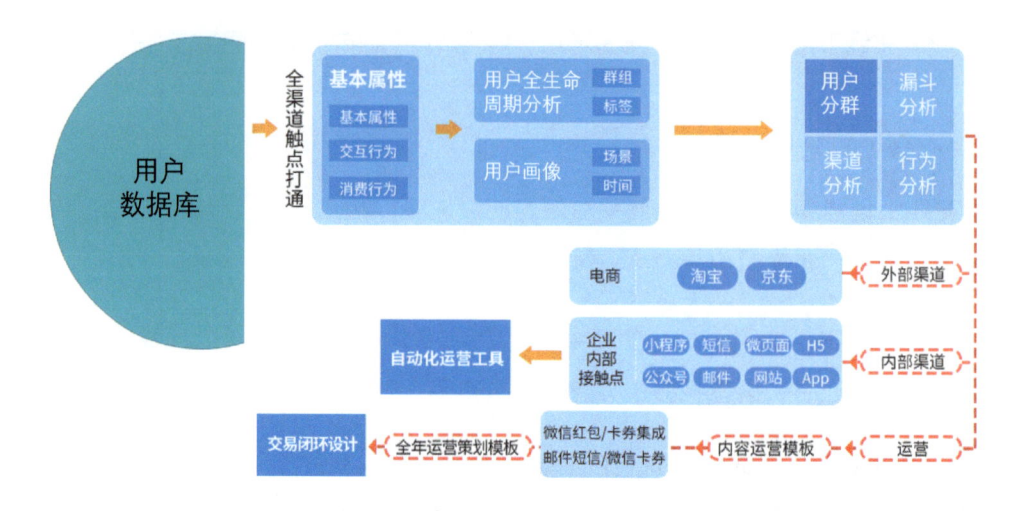

图 5-13　零售、快速消费品类全渠道用户触达及转化流程

**3. 广告投放的数据收集及应用**

企业可以采集广告投放相关数据，构建针对广告投放的数据库，对这些投放后的数据进行研究。这个数据库有以下核心功能。

（1）筛选潜在用户。

（2）广告投放的去重。

（3）对接外部数据源（涵盖电商平台、App 等）。

（4）支持多品牌、多类别产品的广告投放。

# 第 6 章

## 企业如何用好外部数据

数据是驱动而不是参考,试验不是发展策略之一,试验就是策略本身。

——贝佐斯

传统企业在数字化转型过程中，普遍会面临数据匮乏、数据质量差的问题，比如房地产、零售、健康等行业总是需要寻找更多的外部数据，帮助企业进行数据分析和决策管理。这些企业通常会主动寻找第二方、第三方数据作为数据的补充，指导企业的经营决策。

本书中提到的外部数据主要指第二方、第三方数据。第二方数据一般指企业与上下游合作伙伴共同积累的一些数据（这类数据和企业的业务有强相关性）。第三方数据一般是指和企业业务本身没有关联的数据，是第三方平台产生并沉淀的数据，比如电信运营商或者某些供应商系统中的数据。

## 6.1 企业对于数据应用的态度

在笔者接触过的企业管理者或者业务负责人中，95%的人对企业数据的应用具有很大的热情，但是对数据分析及相关技术能够帮助业务带来多大的提升并不了解。从数据视角看，他们不太清楚需要利用什么技术，能够收集到哪些数据，哪些数据可能会帮助自己，如何让技术落地，成本投资回报率是多少等问题。另外，也有很多业务负责人认为只要通过数据分析就可以帮助自己提升业务水平。

1. 企业中数据应用的现状

在企业都对数据应用具有较高热情的前提下，能否更好地利用数据，成为企业面临的一道难题。企业应该形成经常进行数据分析和研究的习惯并善于应用数据分析。并非所有的数据应用都能给企业的业务水平带来明显的提升。对绝大多数传统企业来讲，其本身的业务流程已经固化，并非像互联网企业那样，能够通过技术、数据、算法实时推进业务优化、用户增长，提升用户体验。

2. 企业的数据应用战略

绝大多数企业中的业务负责人，都是某个业务领域中的专家，他们熟悉自己的业务，擅长企业业务战略规划。

与此同时，企业中还应该存在另外一种战略——数据应用战略。数据应用战略的制定及落地需要相关人员熟悉相关数据技术，能够理解并洞察行业变化，并从企业管理者或业务负责人视角，让企业具备相应的数据处理能力。

笔者认为，在数据时代，传统企业中必定会存在两种战略：业务战略和数据应用战略，如图6-1所示。在未来，企业的业务战略和数据应用战略在企业的发展中会变得同等重要。只有业务战略，没有相应的数据应用战略的企业，就会缺失一个增长的引擎。

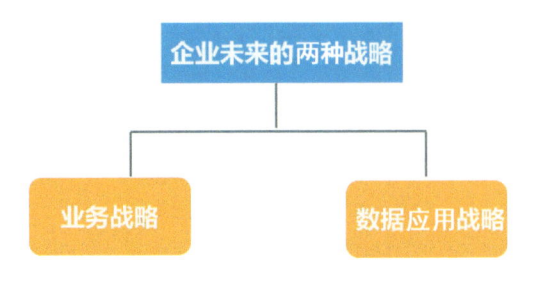

图 6-1 企业未来的两种战略

3. 企业要正确对待数据应用

笔者发现，大多数企业（包括传统外资企业）对于数据分析项目投资给企业带来的回报，都有比较高的期望。其实，企业在投资时，应该对每个数据分析项目的输出结果有合理的预期。

对于数据分析在企业中的应用，应该要认识到以下几点。

- 不同的数据分析项目，对应企业不同的应用场景。
- 数据分析并非万能的，数据产生的价值取决于使用数据的人。
- 数据分析的应用情况，反映了数据使用者的商业分析及商业思考能力。
- 不少企业缺乏"用数据思考"的工作方式，如果企业启动数据分析项目，则应该有意识培养员工用数据思考、工作的习惯，要让人人都可以使用这种思维。

另外，企业中的业务负责人，尤其是与用户、销售端、产品创新相关的业务负责人，应该掌握一些关于数据基础应用、数据创新应用方面的技能，因为在企业中，这些领域是最容易利用数据应用技能来提升业务水平的。

只有业务负责人对数据分析有一定的理解，才更有可能帮助企业建立数据文化（指企业崇尚数据分析，通过数据说话，善于利用数据分析来解决自身业务问题）。值得注意的是，并不是在企业的所有业务中都能够很好地利用数据分析，如果让适合利用数据的业务的负责人参与，企业推动数字化转型或者数据文化建设就会变得容易很多。

## 6.2 企业中的外部数据源

企业中的数据源一般分内部数据源和外部数据源，内部数据指企业主营业务在生产过程中产生的数据，外部数据指非企业自身产生的数据。外部数据源一般用于解决企业业务增长的核心问题：用户增长、行业分析、竞品分析、决策支撑和某些业务创新。

## 6.2.1　外部数据源的作用

企业的外部数据源一般有以下两个作用。

### 1. 外部数据源能增强内部数据能力

企业在做数据分析时,应该重点关注企业在生产经营过程中产生的数据,虽然很多企业会觉得该部分数据的数据量比较小,质量也比较差。传统企业内部数据源产生的数据虽然可能没有互联网企业中的数据多,但将其用于数据分析和数据应用是最好的,也是最贴近业务领域的。针对数据量小、数据质量差的情况,企业应该有"养数据"的能力(指的是企业需要有意识地采集、收集相关数据),逐步积累一些数据。在企业内部,还要培养员工收集、处理、使用数据的能力,这也是很重要的一个方面。

### 2. 外部数据源是内部数据源的补充

大多数企业都面临内部数据不足以解决企业业务问题的现状,所以,企业可以考虑引入外部数据源,让外部数据源成为企业内部数据源的补充,从而增强企业的数据能力,如图 6-2 所示。

图 6-2　企业的数据能力

外部数据源可以为企业提供另一种分析视角,如 LBS、策略分析(新产品的研究,空白市场的发现等)、用户增长、联合运营等。

某些数据供应商，比如电信运营商沉淀了海量的用户数据，包括用户基本属性、上网行为数据等，可以针对某个特定行业的数据分析需求，在自己的平台上开发定制化数据产品。有需要的企业可以通过这些数据产品进行数据分析。

例如，某电信运营商沉淀了大量的用户数据，如用户的消费频率、购买力、基础属性、地理位置等相关信息。此电信运营商利用自己拥有的数据能力，针对美容行业开发了一款 SaaS（Software as a Service，软件即服务）软件，为美容企业提供营销线索。该电信企业向美容企业用户提供一个软件账号，供其使用其中的数据服务，而这些数据仍然存放在电信运营商那里。

### 6.2.2　合理购买外部数据源

在现实中，由于一些采购数据的企业对外部大数据交易市场中的数据来源、数据质量、数据真实性等情况不熟悉，会导致企业在向某些数据项目投资的时候，一开始就是失败的。

向数据项目投资的最好的方法是在启动项目之前，清晰地规划好项目输入的数据范围，以及项目输出的数据范围，并和各业务负责人对项目的预期达成一致，确保项目在一开始就获得业务方的支持。

### 6.2.3　外部数据源的分类

表 6-1 所示是笔者整理出的市面上能够为企业服务的一些数据源及它们所具有的能力。这里根据数据源的数据来源、数据质量、数据研究应用方向、对外开放程度等多个维度做了简单的整合评估，并给每个数据源做了分类，供读者参考。

表 6-1 现有外部数据源

| 数据源分类 | 名称 | 数据来源 | 数据质量 | 数据研究应用方向 | 对外开放程度 |
|---|---|---|---|---|---|
| 一类 | BAT（百度、阿里巴巴、腾讯） | 自己产生数据，数据量大，实时更新 | 好 | 用户研究，广告投放研究 | 对外提供服务 |
| 二类 | 中国联通，中国移动 | 自己产生数据，数据量大 | 好 | 销售线索采集，广告精准投放，用户分析 | 对外提供服务 |
| 三类 | 科大讯飞 | 语音技术采集数据 | 好 | 销售线索采集，智能广告内容投放，人工智能，智能推荐 | 对外提供服务 |
| 四类 | 猎豹，拼多多 | 自己产生数据，实时更新 | 好 | 用户分析及研究，销售相关研究 | 不对外提供服务 |
| 五类 | TalkingData，AdMaster | 自己不产生数据，接入别人的数据 | 不好评估 | 消费群体的研究分析 | 对外提供服务 |
| 六类 | 广告公司，其他投放公司 | 不详 | 不好评估 | 不详 | 对外提供服务 |

在上表中，对数据质量的评估主要考虑三项指标：是不是自己产生的，是不是实时更新的（有互联网平台属性的），企业是否自己也在使用。

从上表中可以看出，一类数据源具有比较高的可靠性（因为具有一类数据源的企业通过自己的平台实时产生数据，其内部也在使用），数据质量也比较好，可以用于业务分析、预测分析、广告精确投放等。对于其余几类数据源，企业需要根据自身对数据质量的可接受程度，酌情思考是否使用。

另外，还有一类数据，即政府公开的数据（比如天气数据），它们可供企业使用。该部分数据与企业当前业务应用场景结合并落地的模式不清晰，所以在这里并没有罗列，感兴趣的读者可以研究一下这类企业的运营模式。

### 6.2.4　外部数据源可靠性评估技巧

目前，市面上的大数据公司有不同的类型，比如拥有一些数据并尝试垄断的企业、擅长数据处理及底层平台建设的企业、偏向数据分析应用的企业，还有一些传统的 IT 企业。其中，对于某些号称拥有大量数据，并且可以对接外部数据源的大数据公司，企业如果决定要向其采购相关的数据，可以通过以下一些技巧对这些企业的数据质量进行分辨和评估。

（1）对于号称自己拥有几十亿条数据，却说不清楚数据来源、数据质量的大数据公司，企业要谨慎选择。

（2）对于数据如何变现、效果如何、能对业务提升有多大帮助不清楚的大数据公司，我们可以认为其基本没有数据变现能力。

（3）企业在采购标签数据时，可以多听一听行业中有一定经验的专家的建议，根据专家的经验进行分辨，决定是否采购数据。

对于快速消费品、零售、房地产类严重缺乏数据的企业，在购买外部数据时要多留心，避免掉入"坑"中。另外，对绝大多数传统企业来说，想通过数据分析迅速提升销售额是比较难的。因此，企业在购买外部数据时，需要有合理的预期，对项目投资回报率有合理的评估。

### 6.2.5　获取外部数据源的方法

获取外部数据的方式有两种，一种是采购（在前面已经讲过），另一种方式是自己收集。

下面介绍企业如何在网站中通过数据埋点采集访问用户的行为数据。

数据埋点是什么？数据埋点就是企业通过在应用程序中嵌套代码，采集用户访问该应用程序时的一些行为数据，从而用于后续分析。

常见的数据埋点方式有：App 埋点、网站埋点、小程序埋点、HTML5 页面广告投放埋点、游戏点击埋点等。

图 6-3 是对某网站埋点采集指标的说明。其中，在 HTML 页面的 <head> 部分的相应位置添加一段代码，可以采集到访问该页面的用户数、进入次数、退出次数、平均页面时长、退出率、跳出率等各类指标。

其他类型的应用程序（App、小程序）的数据埋点原理类似。另外，对于微信公众号的数据埋点，微信可以提供标准接口帮助企业进行数据采集，用管理员账号扫描微信公众号的二维码，即可获得采集数据权限，采集到的数据都可以被直接使用。

## 6.3 企业的数据变现

事实上，大多数企业在谈到大数据时，面临的最大问题是数据不全、不足，数据质量差等。与外部数据源合作，可以让企业弥补自身数据不足的缺陷。当企业有了一定数量的质量比较好的数据源之后，数据变现成为企业面临的第二个问题。

数据变现就是企业通过投资数据领域的项目，获得比较高的投资回报率。但是，在现实中，很多企业都没有思考过如何进行数据变现，最终导致企业在数据领域的投资回报率低或者根本达不到预期的效果。

### 6.3.1 实现数据变现的前提

随着大数据技术的发展，更多的企业期望能够利用第三方数据（互联网中公

## 网站采集埋点说明

| No. | 代码类型 | 代码样例 | 说明 |
|---|---|---|---|
| 1 | 基础统计代码 | `<script>`<br>`(function(a, e, f, g, b, c, d) {a.ClickITrackerName = b;`<br>`a[b] = a[b] || function() {(a[b].queue = a[b].queue ||`<br>`[]).push(arguments)};`<br>`a[b].start = +new Date; c = e.createElement(f); d =`<br>`e.getElementsByTagName(f)[0];`<br>`c.async = 1; c.src = g; d.parentNode.insertBefore(c, d)`<br>`})(window, document, 'script', '//stm-`<br>`cdn.cn.xxxxxx.com/click/minjs?v='+Math.round(new`<br>`Date().getTime()/1000/300), 'stm_clicki');`<br>`stm_clicki('create', 'dc-xxx', 'auto');`<br>`stm_clicki('send', 'pageview');`<br>`</script>` | 1. 复制该代码段粘贴于HTML页面尾即可。<br>2. 所有页面均需添加。<br>3. 需尽量加于`<head>`部分以保证数据收集完整，亦可置于公用header中引用。<br><br>**基础维度**　　　　　**基础指标**<br>When — 时间　　　　**基础流量**：浏览量、不可见浏览量、会话数、用户数、新用户数、IP数、跳出次数<br>Where — 来源渠道　　**页面统计**：页面唯一访问量、页面用户数、页面浏览量、进入次数、退出次数<br>Who — 用户特征/客户端　**行为指标**：平均会话时长、每次会话浏览量、新用户百分比、平均窗口大小、平均页面时长、有效浏览百分比、退出率、跳出率<br>What — 受访内容　　　How |

图 6-3　网站采集埋点说明

开的数据，电信运营商的海量数据，其他自己生产数据的供应商提供的数据），或与其他数据富足的公司进行合作，帮助企业实现数据变现。

笔者接触过的行业，如保险、零售、航空、房地产、投资等，或多或少都有与外部数据源合作的需求，但是最终的落地结果或效果都不一样。

笔者与一位在房地产企业负责大数据的高层管理者探讨过这个问题，当时他问笔者手里有没有数据资源，或者对行业里的哪些数据资源比较熟悉，他们期望引入更多的数据源（和房地产相关的数据），想通过大数据指导经营决策。笔者问这位高层管理者，如果能够引入这些数据源，他们后续会做什么。他说有一点想法，但还不完全确定！这是企业面对数据领域时存在的一个普遍性问题。在后续的沟通过程中，笔者帮助这位高层管理者梳理了他可能需要解决的问题。

一般来说，给企业做数据分析，就是做 KPI 分解。在企业中，每个领域的负责人都有自己的 KPI。这里做 KPI 分解是指业务人员需要理解领导关心的核心 KPI，在这个范围内帮助企业提升业务能力，这样策划出的项目容易受到领导及企业的支持，最后项目容易落地并产生效果。

综上所述，企业在考虑数据变现时，首先应该完成商业目标（或业务应用场景、管理核心 KPI 分解），在此基础上，企业再考虑整合内外部数据和技术，来达成数据变现。

## 6.3.2　企业外部数据变现面临的挑战

绝大多数传统企业在跨行业、跨领域整合数据资源，实现数据变现时，经常会面临以下挑战。

（1）确定好数据合作项目后，需要获得企业高层管理者的支持。要层层说服高层管理者难度大，除非是高层管理者发起的数据合作项目。

（2）企业组织文化、部门分工差异大，从而造成数据项目执行需要更新原有的流程和方式，实现起来很复杂。

（3）企业的中高层管理者对于数据领域的认知差异大。都知道数据有用，但是对于提升业务有多大帮助认知程度不一样，普遍预期较高。

（4）企业中的数据领域相关负责人，在对外谈数据合作时，相应的议价谈判、整合资源的能力普遍较弱。

（5）绝大多数企业都想实现数据变现，想更好地激活数据，但是都不太懂怎么做。其实企业要实现数据变现，最重要的是要具有商业思维，而技术、数据是完成商业目标的基石。

### 6.3.3 企业数据变现的思路

当企业想实现数据变现时，需要具备以下条件，这些条件能够保证企业的投入有一个合理的预期回报率。

（1）企业要明确项目的商业输出目标。

（2）企业要评估项目中的数据质量等因素，确定项目能够成功。

（3）企业可以尝试快速试错的方法，找到最合适的数据变现路径。

对绝大多数企业而言，在进行外部数据合作并实现数据变现时，需要做好以下两方面的工作。

- 选择优质的数据源，关注数据质量。

- 选择合适的有数据变现能力的供应商。如果企业内部有经验丰富的数据分析团队，则是最理想的状态。

接下来就这两个方面的工作进行详细介绍。

1. 选择优质的数据源，关注数据质量

许多企业都期望能够利用外部数据源，更好地帮助企业"绘制"用户画像，进行精准营销、运营优化或某个业务环节的优化。

针对企业对外部数据源的诉求，一部分数据供应商通过商业合作等方式，积累了一定数量的数据，他们在面对企业用户时，都称自己有稳定的数据合作伙伴（电信运营商或者某些用户量大的 App），或者自己对接了外部更广的数据源，能够满足企业的需求，可以给企业做精准营销（有的实际上是在卖标签）。但是这些数据源能够帮助传统企业在哪些场景中具体解决哪些问题，是否有效，有的数据供应方并不能解释得很清楚。

之前提到过，对于数据质量的评估，主要考虑三项指标：数据是不是自己生产的，是否能实时更新（有互联网平台属性），企业自己是否也在使用。

在进行外部数据合作时，需要重点关注数据的来源、数据的质量，尽量选择数据质量比较好的数据源作为企业数据源的补充。

2. 选择合适的有数据变现能力的供应商

笔者曾与一家房地产企业合作，在谈到对外数据的诉求时，其负责人表示他们需要交易数据、LBS 数据，或者房屋相关数据，但是对于这些数据的成本及投资回报率，并没有想清楚。笔者也看到很多企业在决定引入外部数据，构建大数据相关项目时，起初并没有一个相对清晰的规划或者方向，而是单靠负责人"拍脑门"做决策，关于数据及相关技术平台的搭建也依赖供应商。

在选择数据领域的合作伙伴时，如果企业自身没有大数据项目建设团队，或者大数据规划能力比较弱，则可以在企业级服务市场中选择有一定能力，数据项目落地经验丰富一点的企业（在企业级服务市场中，做大数据咨询规划比较好的有 IBM、埃森哲这类技术咨询公司）合作，或者选择有成功案例，对于数据合作变现思路很清晰的企业合作。

另外，某些行业（例如快速消费品行业）中的企业都需要购买类似的数据做分析，如果每家企业都买一次，那么这对整个行业的数据资源的使用来说是一种浪费。

企业可以异业合作，即不同行业中的不同企业可以共同建设用户数据库运营平台，这也是一种好的思路和方法。

## 6.4 案例：宠物行业利用外部线索拉新

众所周知，大多数传统企业都等待用户自己上门，只能采集已经和企业主动接触并发生购买行为的用户数据。但是，更多的企业其实都期望能够主动找到更多的潜在用户。

本节以宠物行业为例，介绍如何找到潜在的养宠物的用户，进而把产品及服务推荐给用户。

### 6.4.1 找到外部数据质量好的数据源

企业要想找到更多的潜在销售线索，可以考虑引进第三方数据源（即外部数据源），例如电信运营商。

电信运营商一般都会沉淀很多用户数据，使用了此电信运营商服务的用户，都相当于上了该电信运营商建设的"高速公路"，用户在这条"高速公路"上安装什么应用程序，何时打开了某个应用程序，何时关闭了某个应用程序等信息都是可以被采集到的。电信运营商采集到这些用户的行为等各类数据后，可以建立电信运营商大数据平台。从一定程度上讲，该平台上的数据源质量较好。

### 6.4.2 寻找宠物销售线索

宠物公司可以利用电信运营商的大数据，找到线上和线下的潜在用户。线上潜在用户包括线上宠物网站、店铺的用户及安装了与宠物相关的应用程序的用户；线下潜在用户包括线下宠物医院、宠物商店等与宠物有关的地方的潜在用户。

其中，在线下门店中寻找销售线索的方式，主要是通过寻找近期给宠物商店打过电话的用户，每一个打过电话的用户都可以被称为一条销售线索。此外通过在网上搜索与宠物相关的关键词也可以找到销售线索，可以将这些销售线索补充到宠物公司的用户数据库中。

与宠物行业公司达成合作后，电信运营商会在自己的大数据平台上帮助宠物行业公司构建一个新的用户数据库（见图6-4），该数据库中存储了大量的销售线索，以及为企业提供一个广告投放与分析的平台。企业只要购买该平台提供的服务，就可以查看与宠物相关的用户画像信息，还可以有针对性地围绕这些销售线索投放广告。

该宠物用户数据库具有比较明显的优势：

（1）宠物公司不需要购买、存储、计算，不需要开发相关的应用程序，只要利用外部数据源就可以找到销售线索。

（2）该宠物用户数据库可以供整个宠物行业使用，并形成完善的数据闭环。

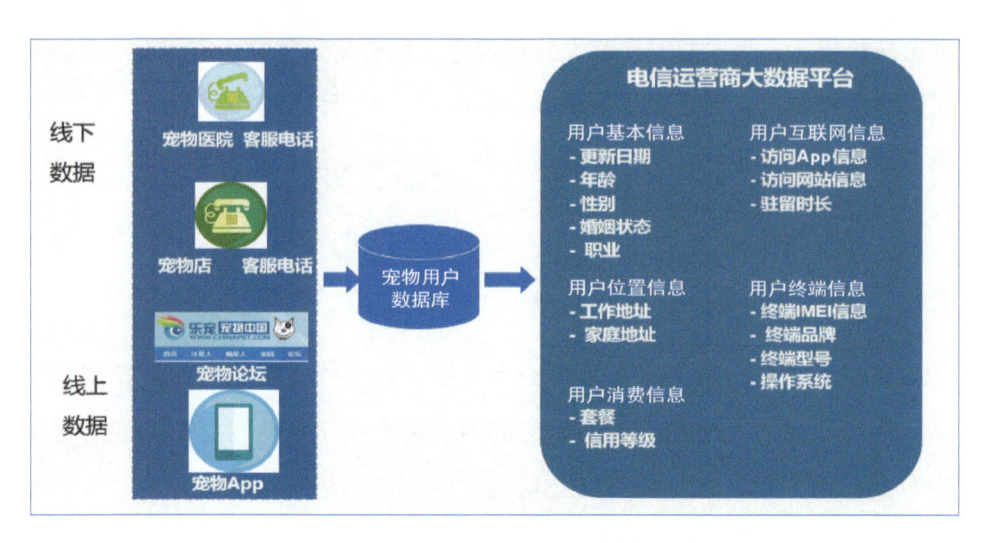

图 6-4　某电信运营商提供的数据库

（3）对电信运营商来说，其数据不需要对外输出，只需要帮助企业投放广告，并输出相关的分析应用报告即可。

此电信运营商提供的宠物行业用户数据库方案，可以落地为一个 SaaS 产品，帮助更多的宠物公司寻找用户及进行广告投放。

### 6.4.3　数据产品赋能行业

谈到宠物行业的广告投放，当前的状况是大多数宠物公司在淘宝、天猫上进行广告投放，其精准度不足 90%。利用外部电信运营商的大数据，宠物公司可以在上面锁定并找到 80% 以上的精准用户，并进行精准广告投放，还可以对接腾讯社交广告，向合适的用户投放合适的内容，及在合适的时间进行广告信息的投放，如图 6-5 所示。

利用外部数据源进行广告投放有两大优点：

（1）宠物公司不需要把潜在销售线索放在自己的数据库里（若放在自己的数

据库里，传输、存储、维护都需要额外的成本）。

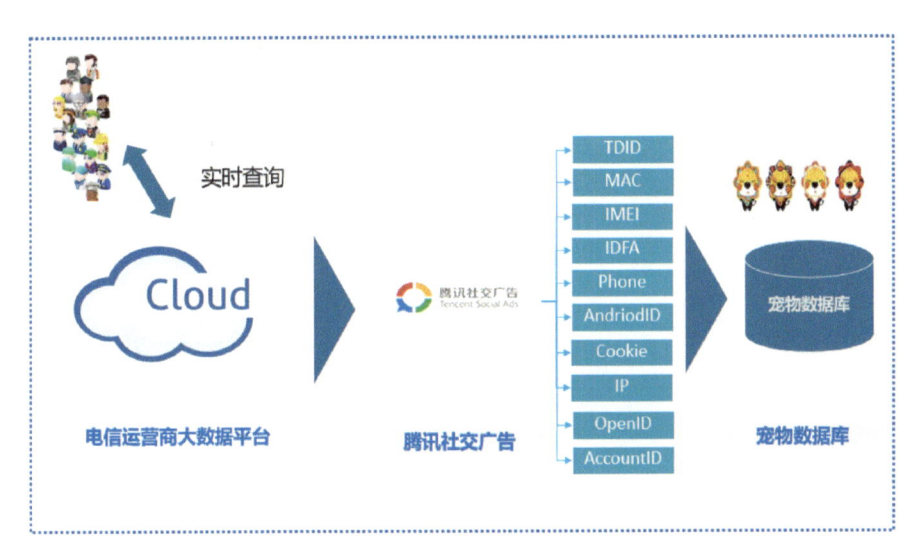

图 6-5　宠物广告投放思路

（2）对宠物公司而言，只需要确定自己的用户增长或转化目标，选取不同的数据供应商，集合外部数据、技术、资源，使数据供应商的数据为自己所用，广告投放的精准度可以达到 80% 以上（针对宠物行业），并且能够将用户引流到电商平台中进行转化。

希望本案例也能为拥有优质数据资源的企业提供新的思路，使其可以基于数据设计相应的数据产品，为更多的行业提供更多的服务。

# 第 7 章

# 经营好企业中的数据

想象力比知识更重要,因为知识是有限的,而想象力概括着世界上的一切,推动着社会进步,并且是知识进化的源泉。

——爱因斯坦

企业要想更好地利用数据，就要梳理并规划好企业的数字化战略，进行企业数字化建设（制定商业目标，整合资源、技术、数据），找到跨行业的业务场景创新及商业模式等，从这个意义上说，利用数据就是"经营"数据。

## 7.1 企业经营好数据的三要素

前面说到，对传统企业而言，企业要想更好地经营数据，需要具备三个要素：商业思维、数据和技术，如图 7-1 所示。

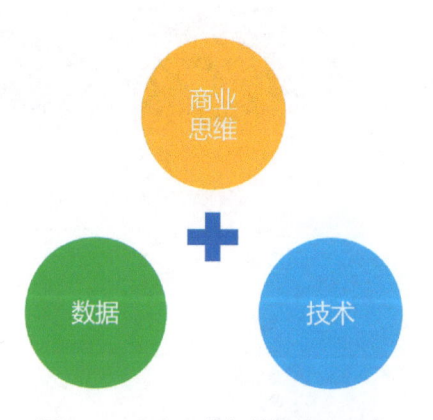

图 7-1　企业经营好数据的三要素

1. 商业思维

商业思维是指企业里数据领域的负责人需要具备一定的商业头脑和思维，能够比较快地定位并找到企业面临的问题，知道如何创造性地提出问题，并知道需要采集哪些数据，利用什么分析方法和技术来解决问题。

对于商业思维的养成，读者可以参阅一些商业分析类的书或者文章。

2. 数据

这里的数据不但包括企业可以搜集、整合到的数据，还包括企业的数据处理及分析能力。企业要用数据解决自身的业务问题，需要具备包括采集、整合、清洗及处理内部数据等的数据开发能力及数据分析能力。另外，企业需要关注外部优质的数据源，可以考虑将其引入企业中，从而帮助企业提升相关业务。在此阶段，企业需要对国内主要的公开数据源（政府公开的数据源，数据供应商开放的数据源），各大电信运营商（中国移动、中国联通、中国电信）及各类第三方数据源的质量、应用场景、行业应用成熟度等均有一定的了解，对数据交易市场、行业外部数据的合作与创新等方面也要有一定的了解。

3. 技术

毋庸置疑，数据分析、数据变现都需要强大的技术作为底层支撑，具体的技术在 7.4 节会介绍。

在企业经营好数据的三要素之中，商业思维是最重要的。

## 7.2 数据经营方法（KPI 分解）

在前面介绍过，在做数据分析时，一定要知道业务负责人关注的核心 KPI，然后可以将 KPI 分解成一个个具有清晰商业目标的项目。

对于企业的经营分析，应该从经营目标开始，从上往下进行拆分，具体拆分到不同部门、组织。因为不同的组织会面临不同的问题。企业在经营过程中面临的问题包括消费者需求洞察、制订生产计划和排产计划、供应链管理、质量管理、售后服务管理等。对于这些问题，都可以通过选择合适的数据，找出智能的解决方案。

企业经营分析的一般步骤如下所示。

（1）确定商业目标，找到在业务运营、生产过程中需要提升的部分。

（2）搜集并整理可能与该目标相关的数据。

（3）确定问题，设定项目目标。

（4）利用数据分析、人工智能等相关技术，找到能够解决该类问题的数据应用解决方案。

企业的发展都有相应的经营目标和业务战略。下面介绍企业如何更好地制定数据应用战略，采用哪种数据经营方法，才能放大企业的数据能力。

1. 企业经营数据方法论

任何企业都有经营目标和业务战略。在企业内部，业务被划分到不同的领域，不同的领域被分为不同的部门，不同的部门有不同的目标。这些不同部门之间的目标，共同支撑企业的业务战略。

笔者在技术咨询项目实践过程中，总结出了一套企业数据经营方法论，如图7-2所示。

如今，一家企业的业务战略要落地离不开技术，更离不开数据及数据分析。企业需要根据业务战略制定相应的数据应用战略。并且数据应用战略和业务战略要保持一致，这样才能帮助企业降低成本、提高效率，进行商业模式创新，推进企业实现数据资产化。数据资产化指的是某些企业能够将自身沉淀的数据，以数据产品的形态对外进行输出，实现变现。

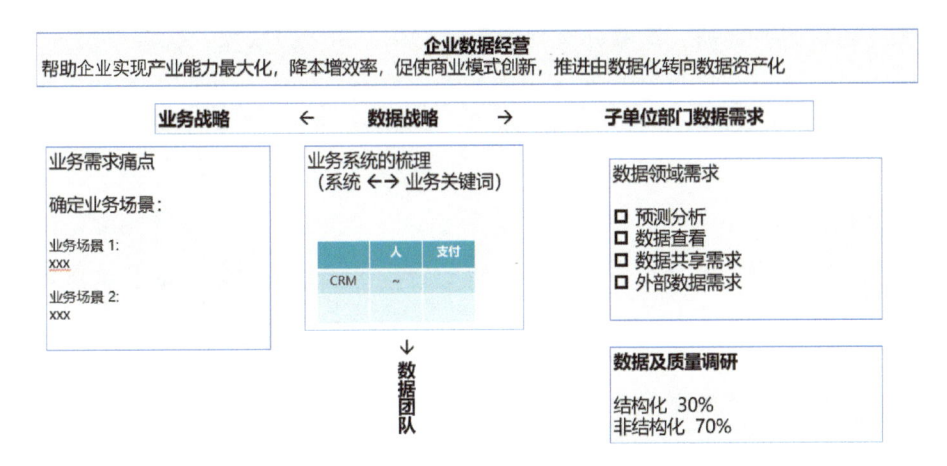

```
┌─────────────────────────────────────────────────────────────────┐
│                        企业数据经营                              │
│ 帮助企业实现产业能力最大化，降本增效率，促使商业模式创新，推进由数据化转向数据资产化 │
└─────────────────────────────────────────────────────────────────┘

        业务战略        ←    数据战略    →      子单位部门数据需求

┌──────────────────┐  ┌──────────────────┐  ┌──────────────────┐
│ 业务需求痛点      │  │ 业务系统的梳理    │  │ 数据领域需求      │
│                  │  │ （系统←→业务关键词）│  │                  │
│ 确定业务场景：    │  │                  │  │ □ 预测分析        │
│                  │  │  ┌──┬──┬──┐     │  │ □ 数据查看        │
│ 业务场景1：       │  │  │  │人│支付│    │  │ □ 数据共享需求    │
│ XXX              │  │  ├──┼──┼──┤     │  │ □ 外部数据需求    │
│                  │  │  │CRM│~ │  │    │  │                  │
│ 业务场景2：       │  │  └──┴──┴──┘     │  └──────────────────┘
│ XXX              │  │                  │
│                  │  │                  │  ┌──────────────────┐
└──────────────────┘  │         ↓        │  │ 数据及质量调研    │
                      │        数        │  │                  │
                      │        据        │  │ 结构化  30%      │
                      │        团        │  │ 非结构化 70%     │
                      │        队        │  │                  │
                      └──────────────────┘  └──────────────────┘
```

图 7-2　企业数据经营方法论

2. 业务部门的数据需求梳理及应用规划（KPI 分解）

前面提到，企业要有能够和自身业务战略对应的数据应用战略，企业的业务战略和数据应用战略同等重要。

企业数据经营方法论中的 KPI 分解，指的是所有的数据应用规划项目都需要明确能够帮助企业解决某个具体的业务问题。这些数据应用项目必须来自业务部门的数据需求梳理，并在此基础上做应用规划。

KPI 分解理论可以帮助企业找到业务面临的核心痛点，保证最终项目能够成功落地。而企业数据应用战略的制定，以业务战略为核心，以数据开发系统为基石，对应企业业务的需求痛点。

3. 找到业务部门的核心 KPI

在企业级服务领域，一般技术咨询公司的做法是：首先向企业的业务负责人了解其业务考核的 KPI（给传统企业做数据分析服务，就是给业务负责人做 KPI 分解），业务负责人会告诉你他关注的点，哪些领域可以触碰，哪些领域因为政策不可触碰。基于以上调研，技术咨询公司在划定的范围内，会帮该业务负责人分析哪里可以提升业务，需要什么样的组织文化、技术及数据，数据是否可用等。在此基础上，技术咨询公司会帮企业明确项目的范围、项目的目标、需要的技术和资源，以及文化组织需要等。

技术咨询顾问还会快速研究行业上下游业务、行业当前面临的问题，并梳理成一些咨询规划材料，将潜在问题转换成可以落地的数据应用方案。这样就可以将找到的业务部门的核心 KPI 转化成可以落地的数据应用案例。

因此，对绝大多数企业来说，可以选择有较强实践能力的技术咨询团队进行相应的咨询，然后规划出一个可以落地的数据应用战略规划。这样，企业在后续实施落地过程中，可以做到心中有数。

## 7.3　企业数据应用战略规划

企业数据应用战略规划通常包括以下几项工作：梳理数据源、评估数据质量、建设数据管理平台（这里的数据管理平台并非指企业中常见的消费者大数据平台，而是指某些企业开发的被称为"数据应用航空母舰"的可视化产品）、建设相应的企业数据文化、制定企业数据管理总纲等。在实际中，每家企业的数据应用战略规划内容均有差异。

企业的数据应用战略规划应该在理解企业整体业务战略的基础上，梳理出企业的内部和外部现有的数据源，勾勒出企业中数据的全貌，这样企业的业务负责人才能更好地了解企业中的数据。

### 7.3.1　梳理数据源

企业需要花时间梳理自己已有的数据源，包括内部数据源和外部数据源，并勾勒出每种数据源对应哪些数据、数据的质量和数量、数据的更新频次等。梳理数据源的目的是帮助企业对数据质量进行相应的评估，质量好的数据源会被用于数据平台建设。

### 7.3.2　评估数据质量

企业对自身的数据源进行梳理之后，需要对数据质量进行评估。只有质量好的数据，才可以被加载到企业的数据库里，用于数据分析、建模等工作。

大多数企业都会面临数据质量差的问题。可以通过系统增强（通过系统增强，原有不规范的数据格式可以被转换为标准的数据格式），以及人工更正等方法来提高数据质量。在许多大型企业中，还会有专门的人帮助企业做数据审核、数据治理等工作，这种方式可以系统化地提升整个企业中的数据质量。

### 7.3.3　建设数据管理平台

数据管理平台也被称为"数据应用航空母舰"。在此平台中，可以看到企业中所有数据的存储位置、审批权限，以及数据的质量、数量等。数据管理平台不是每家企业都必须要有的，某些大型企业由于数据源太多，通过这个数据管理平台可以快速了解企业中数据的状况，制定企业数据管理总纲等。

对大型企业来说，企业在做整体数据业务战略规划之前，企业的业务负责人能够通过这个平台，查询到自己想发起的数据应用项目所需要的内部、外部数据源，并且快速查看数据质量、字段及申请快速审批处理。

某些大型互联网企业建设的数据管理平台，也集合了企业内部、外部的数据资源，其他企业可以通过有效的方式申请使用。

数据管理平台可以从宏观角度帮助企业的业务负责人了解并熟悉企业的数据源，促使更多的数据分析应用场景能够很快落地，也能帮助企业更好地管理内部、外部数据源，解决企业内部数据不流通的问题，以及快速了解企业的数据状况，进行有效、快速的数据分析工作。

### 7.3.4　建设相应的企业数据文化

对传统企业而言，要想利用并经营好企业的数据，企业内部还需要建设相应的数据文化。

下面用一个银行的案例，介绍一下企业如果要用好数据，还需要什么样的能力。

对于银行来说，其优势在于总账系统、支付系统、风控系统，劣势在于数据处理难、缺少培育科技领域新技术的文化等。在这种现状下，银行如何推进数据文化建设，引入数据分析相关人才并发挥外部人员的才能，成为一个比较重要的议题。银行行业具体的数据文化建设可以分为软文化和硬文化，具体内容如图 7-3 所示（图中的 PDCA 过程，指质量管理的四个阶段：计划、执行、检查、处理）。

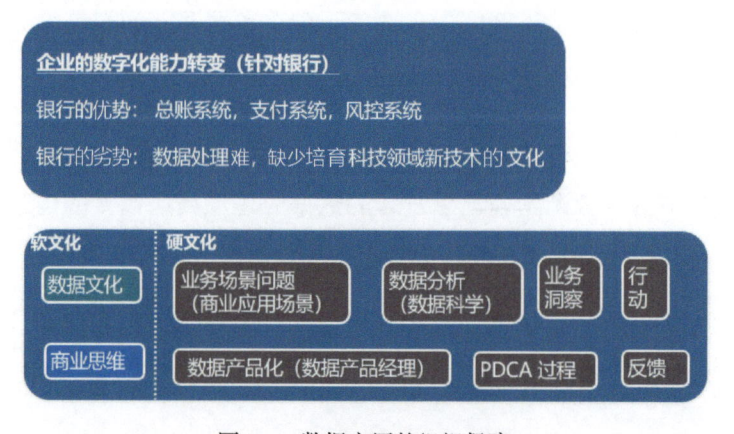

图 7-3　数据应用的组织保障

### 7.3.5 制定企业数据管理原则

如今，企业中普遍面临数据滥用、数据泄露等问题。一些有预见性的企业会制定相应的数据管理原则，指明哪些数据可以被合理使用。这里提到的企业数据管理原则，涉及企业的数据库管理、数据属主、数据安全、审计、数据隐私、数据使用权、数据泄露及责任等方面。

## 7.4 相关数据技术

数据变现需要强大的技术作为底层支撑，下面介绍现在企业中普遍会用到的相关技术（包括数据存储、数据开发、数据分析等），以及这些技术的特征等。

1. BI（商业智能）

BI这个词早在10年前就已经出现了（早于大数据的出现），其涉及EDW（企业级数据仓库）、DSS（决策支持系统）、ODS（操作性数据源）等。BI项目的主要工作是建设数据仓库（企业从不同系统里抽取需要的数据，在进行清洗、加工之后，加载并装入一个建设好的数据仓库之中。进入数据仓库的数据，可供其他系统调用、分析等）。在传统IT企业领域，BI服务供应商包括IBM、SAP、Oracle、Teradata，这些企业都开发了相应的BI产品套件及组件。

2. EDW（企业级数据仓库）

EDW（Enterprise Data Warehouse）被称为企业级数据仓库。企业级数据仓库一般是将企业生产（存储）系统中的数据，通过相应的ETL（E：Extract,数据抽取；T: Transform,数据传输；L: Load,数据加载）程序进行抽取，然后传输并加载到数据仓库中。经过处理的干净的数据可以供企业进行分析及应用。

在具体项目工作中，数据清洗、处理、加载等建设数据仓库的工作，会占用整个项目 80% 的时间。可以说，EDW 是伴随着 BI 一直存在的。

### 3. Hadoop

近几年，随着移动互联网、云计算技术的迅猛发展，各种设备（如 RFID、无线传感器、移动互联网中的各类 App）每分、每秒都在产生数据，数以亿计的消费者在享受移动互联网提供的便利服务的同时，都在相应的平台、设备上留下了行为数据。因此，企业需要处理的数据量越来越大。随着数据量的快速增长，基于业务需求和竞争压力，对数据处理的实时性、有效性又提出了更高要求，传统的技术手段根本无法应付。

在这种情况下，一批新技术逐步被引入 IT 系统建设之中，如分布式缓存、基于 MPP 的分布式数据库、分布式文件系统、各种 NoSQL 分布式存储方案等。

以 Hadoop 为首的数据存储、计算方案被引入更多的企业中。在一段时间内，Hadoop 成了大数据的代名词。

### 4. Hadoop 与传统 EDW 并存的方案

对于传统企业来说，大多数系统是基于关系型数据库的。许多企业引入 Hadoop 作为存储计算平台后，给企业引入了新的技术体系。

长期以来，传统的中大型企业内部都有比较成熟、稳定的数据仓库及 BI 系统。当引入 Hadoop 大数据平台后，Hadoop 与传统的数据仓库及 BI 系统之间的关系如何处理？图 7-4 展示了传统的企业级数据仓库与 Hadoop 大数据平台并存的设计方案。

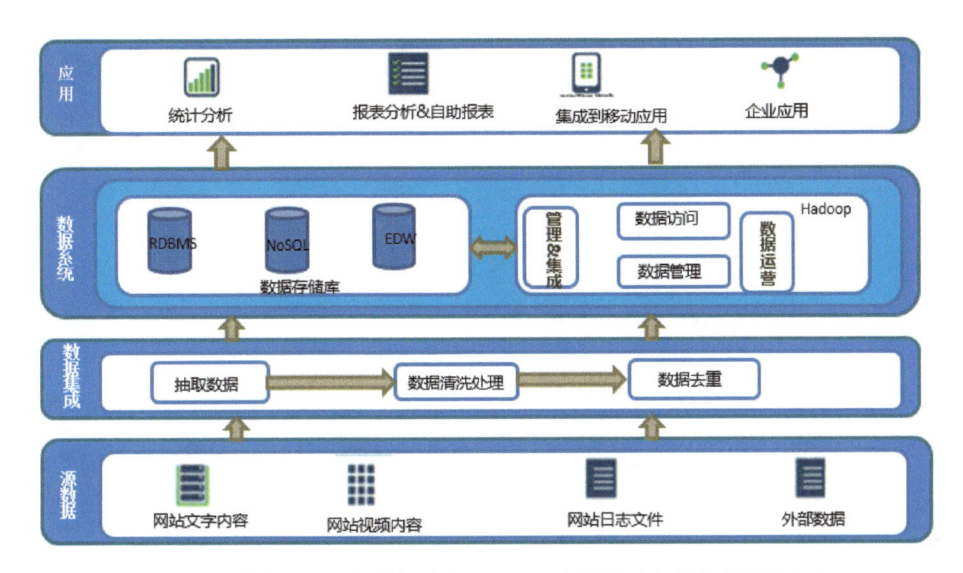

图 7-4　传统的企业级数据库与 Hadoop 大数据平台并存的设计方案

从上图中可以看出，企业中更多的网站文字内容、视频内容、日志文件等数据的存储、处理、解析被放在以 Hadoop 为代表的大数据平台上进行。传统的企业级数据仓库依旧存储传统的事务性数据，并且可以和大数据平台之间进行数据传输。而通用的部分包括数据源层、数据集成层、数据存储系统层，以及之上的商业应用场景。

数据源层一般是企业生产数据的地方，在使用一些程序进行抽取、清洗及处理后进入企业的数据存储库（有的也叫数据仓库层或者 ODS 层），经过处理的干净的数据可以供企业进行分析应用。

5. 适应数字化转型的灵活架构：数据湖（Data Lake）

数据湖是近几年流行的一个概念，其用于构建适应企业数字化转型的灵活架构，在其中可以引入第二方、第三方数据，改变了企业原有的按照业务主题，分主题域建设数据仓库的方式。

企业可以根据分析主题的需求，将内部数据和外部数据，以及企业已经建设好的数据仓库中的数据,都整合进企业的数据湖中。

数据湖的主要使用者包括数据科学家和业务分析师。这两类人通过数据湖对数据进行探索、分析并为企业提供商业参考。

## 7.5 企业中的数据研究思路及应用

在企业中,一般会存在两类人。一类是负责业务的人,一类是负责数据技术的人。一种常见的情况是,负责业务的人不懂数据及相关技术,知道自己的业务方向及目标,但是不知道如何利用数据更好地实现业务目标。

负责数据技术的人,大多热衷于分析企业中的各类数据,知道如何通过数据帮助企业提升业务。

在企业中,与数据有关的职位一般有数据工程师、数据分析师、数据建模专家、数据产品经理等。数据产品经理一般熟悉数据领域的技术,有比较丰富的业务经验,所以,在具体的实践中,数据产品经理可以协助业务负责人一起制定业务目标,并将目标转化为可执行的项目。

下面总结了在企业中存在的两种研究数据的思路。

### 7.5.1 两种数据研究视角

1. 从数据应用战略视角出发

经验丰富的数据产品经理,知道企业内部、外部的哪些数据可以为自己所用,知道数据都有哪些维度,从不同的维度分析可以得出什么样的结果。

在实际工作中,数据产品经理会和业务负责人一起找出企业面临的问题,从数据应用战略角度提出解决方案及制订项目计划，并协调相应的市场、运营、产品、技术等各方执行项目。数据产品经理拥有丰富的数据应用经验，能够捕捉到业务人员看不到的数据应用机会，以及提出新的商业模式和思路方法，例如利用外部数据吸引新消费者、找到销售线索等，这些都是数据产品经理比业务人员更擅长的。

2. 从业务战略视角出发

企业从业务目标或企业核心目标（比如企业当年的销售额在电商端需要达到的目标）出发，分析要达到这个目标有什么新的方法，哪些地方可以提升，如果要提升，则需要提升哪些业务水平可以达到这个目标，这些业务的提升需要哪些数据、技术。

3. 数据应用战略与业务战略同重要

一般企业制定的战略都是业务层面的战略，业务层面的战略是与当前企业面临的问题紧紧连在一起的。在新环境中，企业也需要有数据应用战略，数据应用战略与业务战略同样重要，要由专业的经验丰富及创新能力强的技术团队担任。企业的数据应用战略应该能够渗透进并逐步优化原有的工作流程。

数据分析项目不同于传统的 IT 项目。传统的 IT 项目有比较明确的业务需求，确定好范围，按照项目需求进行实现并把系统提交给企业就可以。数据分析项目需要支撑企业的业务战略目标，应该根据企业的战略目标，将数据分析项目分解成一系列可以转化并落地的数据应用项目。

## 7.5.2 数据应用实施原则

在企业中，企业的业务主要分为三个区域，即高价值业务区域、核心业务区域、低价值业务区域，如图 7-5 所示。

```
高价值业务区域    要重点关注高价值业务区域
                                              原则：
                                              企业选取数据质量好的
核心业务区域    要专注于解决核心业务区域    区域作为试点项目
              所存在的问题

低价值业务区域    要解决低价值区域的问题，利用
                自动化操作替代手工操作，提升
                运营效率
```

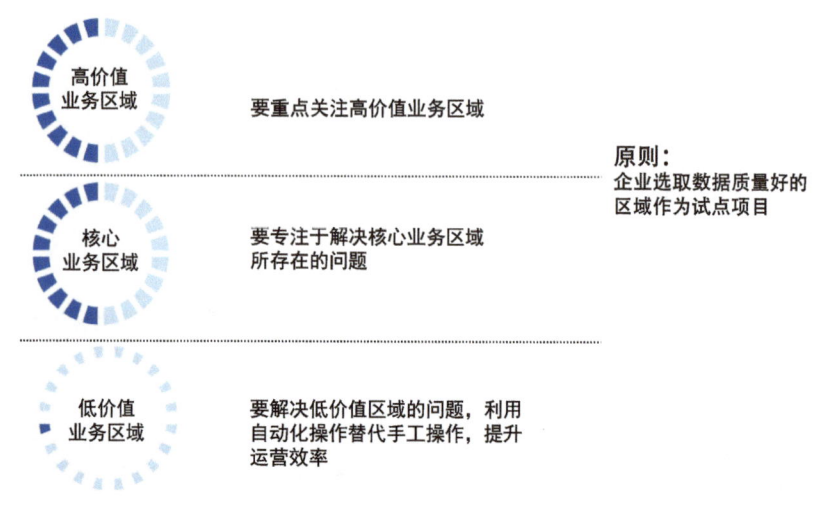

图 7-5　企业数据领域的三个区域

1. 高价值业务区域

对企业而言，关注高价值业务区域，会让数据产生的价值更大，对提升企业业绩的帮助最大。比如对生产发动机的企业来说，其高价值区就是生产业务，在生产业务中如果找到了可用数据优化的部分，一旦落地，则给企业带来的价值及投资回报率远远高于其他领域。

2. 核心业务区域

对于某些财务公司来讲，财务部门、销售部门是核心业务的部门。这些部门的能力提升了，整个企业的效率也会有大的提升。

3. 低价值业务区域

低价值业务一般指常规运营业务，对大多数传统企业而言，以往的消费者运营方式可能是发优惠券、促销短信给消费者，信息化程度低。对这些领域的投

入，会有一定的价值回报，但是与高价值业务区域相比，所获得的回报还是比较低的。

因此，企业在推进数据应用战略时，要遵循以下三个基本原则。

首先，要重点关注高价值业务区域。

其次，要专注于解决核心业务区域所存在的问题。

最后，要解决低价值区域的问题，利用自动化操作替代手工操作，提升运营效率。

综上所述，企业在做数据应用战略规划时，除要规划企业的数据应用战略外，还应该有相应的实施路径图，要重点关注高价值业务区域、容易产生价值的业务区域。

## 7.6 案例：零售类企业的数据应用战略

本节以零售类企业为例，针对零售类企业中四大业务方向（消费者增长、销售增长、广告投放、产品创新），介绍零售类企业以消费者为中心的数据湖建设思路，以及不同的数据源如何支持这四大业务的业务战略。

仔细研究零售类企业的生产模式后，不难发现，零售类企业的组织结构主要涉及以下四大方面（见图 7-6）：

- 消费者。
- 市场（线上销售，线下销售）。
- 品牌推广。
- 产品创新。

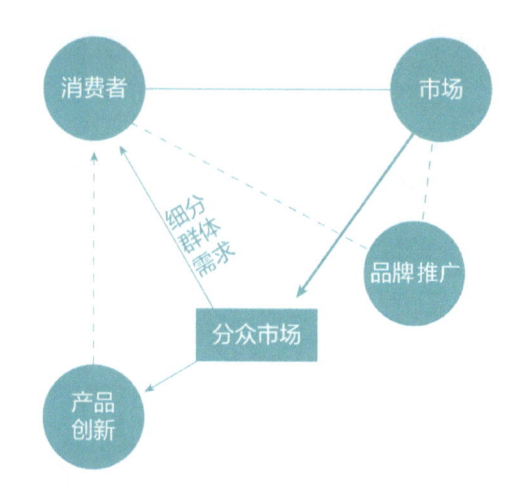

图 7-6　零售类企业的组织结构

## 7.6.1　以消费者为中心的数据湖

零售类企业普遍以消费者为核心，通过品牌推广、广告投放、销售渠道等协同推动销售额的增长。

图 7-7 是从业务战略的视角，勾勒出以消费者为中心的业务架构模式。不同的消费者数据会为企业不同的业务领域提供支撑，解决不同的问题。

如图 7-7 所示，企业通过采集并整合线上、线下消费者相关数据，构建以消费者为核心的基础数据中台。图中的最右边是销售端，在其中引入数据分析主要解决消费者拉新、转化的问题，构建消费者智能营销运营工具。最下面是广告端，企业一般会花费巨资在各类渠道投放广告，这部分引入数据分析主要解决企业媒体投放有效性，帮助企业找到最可能转化的消费者群体，优化媒体投放策略。最左边是产品端，这里引入数据分析主要是解决细分群体产品创新问题，并且找到潜在消费者及渠道。该业务架构模型适合各种零售类企业。

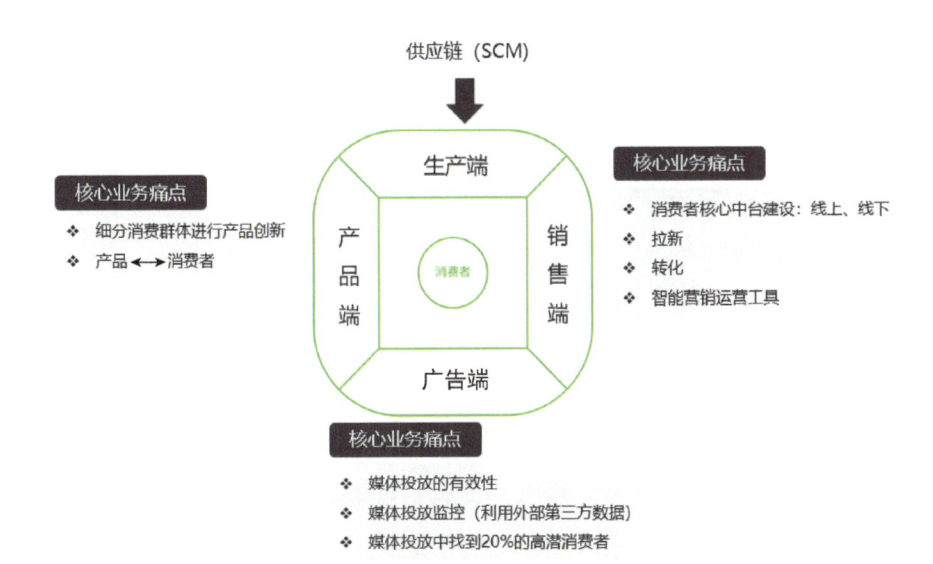

```
                    供应链(SCM)
                         ↓
                     ┌─────────┐
                     │  生产端  │
  核心业务痛点       │         │      核心业务痛点
  ✦ 细分消费群体    │产       销│    ✦ 消费者核心中台建设：线上、线下
    进行产品创新    │品  消费者 售│    ✦ 拉新
  ✦ 产品←→消费者   │端       端│    ✦ 转化
                     │         │      ✦ 智能营销运营工具
                     │  广告端  │
                     └─────────┘
                    核心业务痛点
                  ✦ 媒体投放的有效性
                  ✦ 媒体投放监控（利用外部第三方数据）
                  ✦ 媒体投放中找到20%的高潜消费者
```

图 7-7  以消费者为中心的业务架构模式

### 7.6.2　广告投放与第三方数据建设

以消费者为中心的数据湖战略，围绕企业的广告端，收集广告投放检测数据，聚焦于解决在媒体上或活动中投放广告的有效性问题，这称为 CB1（消费者数据库 1）。因为广告投放点击相关数据比较少，所以可以引入外部优质数据源作为补充，帮助企业做广告媒体投放有效性评估。该部分涉及的业务部门包括品牌部和市场部。

企业漏桶的中间部分表示转化端，该部分采集线上、线下消费者真实购买数据或者销售线索相关数据，主要解决消费者增长和企业销售额增长方向问题。漏桶顶端从广告投放检测出来的部分数据，可以作为销售线索补充到企业自身的CB2（消费者数据库 2）中，真实产生销售额的消费者数据可以被"装"到这个数据库中，主要聚焦于消费者增长、销售端的转化环节。

CB1 和 CB2 的建设如图 7-8 所示。

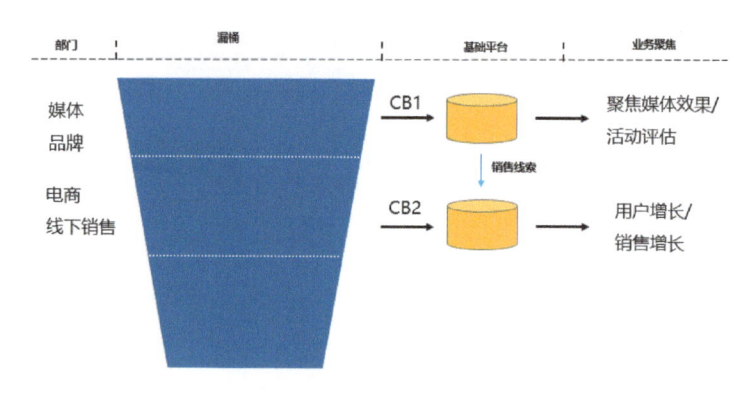

图 7-8　CB1 和 CB2 的建设

CB1 收集到的媒体投放数据有限，主要是投放设备号、投放时间、点击或曝光媒介等有限的字段，可以利用这些广告投放检测机制收集的设备 ID，对接外部优质数据源。这里列出几个数据质量比较好的外部数据源：科大讯飞、三大电信运营商、专业的外部数据供应商。通过与外部数据源的对接，可以建模做可视化分析，如图 7-9 所示。

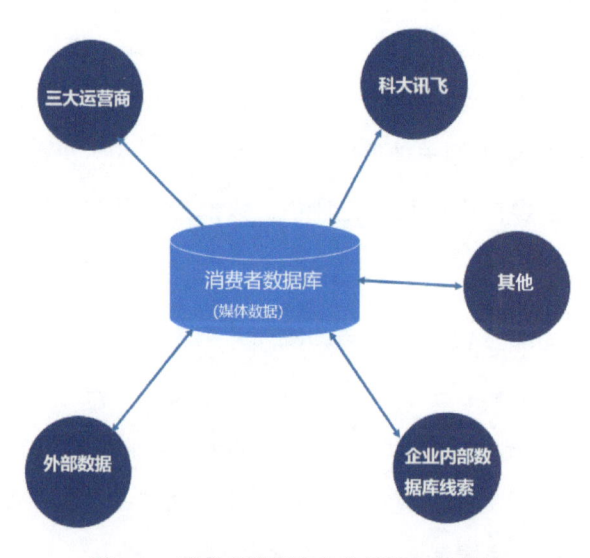

图 7-9　消费者数据库与外部资源的对接

在这里企业可以根据自己的需要，有针对性地规划相应的业务应用场景。不同的应用场景对应不同的数据源，可以解决不同的问题。

### 7.6.3　媒体投放检测数据及 AI 预测

企业收集到的媒体投放监测类数据，主要是一些移动设备号及投放信息，主要有哪个广告活动、活动有什么内容、哪个时间点、投放在什么设备上、消费者点击次数、消费者浏览次数等。CB1 数据库连接了第三方数据源，可以对消费者群体进行研究，对投放活动进行分析，同时还有一个核心功能是帮助企业找到所有潜在消费者里前 20% 最可能发生购买转化的潜在消费者，进行广告的投放。

# 第 8 章

# 数据在不同行业中的应用

春眠不觉晓,处处闻啼鸟。

——孟浩然

伴随着移动互联网的发展，人类每一天都产生着大量的数据。数据时代，在丰富的数据的基础上，大数据、高级分析、人工智能相关的技术扮演了很重要的角色。很多传统企业如金融、保险、航空、汽车等都涌入了大量的数据、技术、产品方向的人才。其中，一些保险、银行类金融机构也和科技公司合作，成立金融科技公司，帮助传统企业发起新的业务。更多的投资机构，也从以往的针对 C 端的投资，逐步转向企业级服务领域，数据领域的投资也成了投资圈一道亮丽的风景线。

从 2000 年至 2018 年，国内移动互联网的发展进入了一个相对成熟的状态。在企业级服务市场中，一些创新型科技公司深入产业，围绕产业进行商业模式创新和技术创新，提升产业中某些环节的效率。投资人、产业方和创新科技团队走到了一起，形成了产业 + 科技创新 + 资本的方式，这也成了投资领域中价值投资的一个方式，如图 8-1 所示。

图 8-1　产业科技

在投资行业，这个趋势也成了下一个阶段移动互联网创新发展的方向，更多的创业者、资本纷纷涌入该领域。对于产业领域的公司，某些有一定创新能力的企业会依托自己原有业务，围绕行业的上下游，创造出各种新的商业模式，形成新的平台或者新的业务形态。

在未来的企业级服务市场上，更被长期看好的方式将是，在产业基础上进行商业模式或者技术上的创新，外加资本的助力。这样的组合，能够整合有限的资源、技术、资本，能够将企业带到更高的水平上，并且能够不断进行价值创造。在中国IT科技的上一个10年（2010—2019年），移动互联网的发展抢占了企业级服务的风头，国内互联网最强的部分是商业模式的创新、平台模式的创新，更多的是商业上的成功。针对企业级服务领域，也出现了一些创新模式，接下来将介绍常见的几种产业创新模式。

## 8.1　产业互联网创新模式

企业级服务，其服务对象是企业用户，它一直以来是一个缓慢发展的领域。企业级服务市场的商业模式，最常见的是提供产品、实施方案、咨询类的。近几年，伴随着移动互联网的蓬勃发展，围绕传统企业的某些业务领域，也出现了很多新的商业模式及创新业务。传统企业的商业创新模式主要有三类：产业链式创新、平台式创新和生态式创新，如图8-2所示。

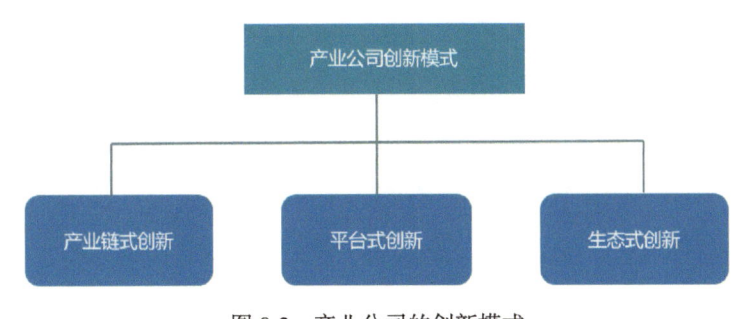

图8-2　产业公司的创新模式

这里提到的三种创新模式，在国内大量的民营企业中都能找到相关的例子。不同行业的企业，可以按照自己的机会、业务模式、产业特征，结合外部环境的变化，制定自己的战略，尝试不同的商业创新模式。

### 1. 产业链式创新

产业链式创新指企业围绕产业链条进行整合，从而形成新的产业链条。例如，航空公司的核心业务之一是机票销售业务，但是因为有庞大的客流，有些航空公司开始凭借旅客流量入口，做起了旅游电商、供应链金融等。鲜明特征是围绕旅游电商行业的上下游，开展新的业务模式。航空领域做得比较好的一家企业是春秋航空。

### 2. 平台式创新

中国很多大体量的互联网公司，底层的模式是先有一个平台，围绕这个平台逐步衍生出大量新的业务模式。平台式商业模式的创新造就了中国很多伟大的科技公司。这些企业大多是借助先进的信息技术手段及全球网络资源，通过整合互联网资源进行平台式创新。例如，阿里巴巴就是做平台式创新比较成功的企业。其先做贸易，有了大量的用户之后，衍生出金融等各类业务。另外，各种线上、线下电商平台及垂直社交平台类都属于此类。一直在传统租赁领域深耕的链家，也在不断推进各类业务创新，比如，链家的线上品牌自如。在该模式下，链家主要通过互联网获得用户，无须通过线下门店，大幅节约了运营成本。不同于链家线下门店靠收取中介费赢利的经营模式，自如的操作方式是从房东手中获得房屋的代理权，然后经过装修，再转租给承租人。在该基础之上，自如提供按期支付、社交、维修、清洁等服务。

### 3. 生态式创新

生态式创新，指企业一般先从一个点切入，做一个平台或者工具，让更多的B端企业、C端用户入驻，然后围绕沉淀在上面的B端企业、C端用户，形成一个生态，让其对该平台有很强的依赖性，从而让更多的B端企业、C端用户加入生态，不断产生新的生意模式。这种方式是企业在产业链式创新及平台式创新的基础上，延伸出的新的生态创新模式。例如小米公司，小米从硬件设备切入，先逐步积累用户，然后转向做小米电商、小米 IoT（物联网）等。小米最新的一个业务方向——小米有品，就属于生态式创新的典型例子。

在数据领域，比较值得关注的是新出现的数据交易平台商业模式及此类公司，比如贵阳大数据交易所。

## 8.2　企业的数据诉求及时机

企业级服务市场的服务对象，主要是企业级用户，企业级服务市场服务的内容是给企业级用户提供技术、产品、系统维护类服务。全球著名的企业级服务公司包括 Microsoft、IBM、SAP、EMC、Oracle 等，这些企业在企业级服务领域均占有比较大的市场份额。

### 8.2.1　国内企业级服务的现状

在众多的科技公司中，企业级服务公司巨头林立。仔细研究中国企业级服务市场，不难发现，中国企业级服务市场 1/3 的市场份额被 IBM、SAP、Oracle 等几家跨国公司占有，国内其余的软件公司则占了其余 2/3 的市场份额。

有一类针对用户提供服务，进行平台商业模式创新的公司，通常所称的互联网公司很多都是这一类。国内出现了大量的世界级互联网科技公司，如阿里巴巴、腾讯等。

对比企业级服务市场和互联网市场的发展，不难发现，2010 年—2017 年，是国内互联网公司最辉煌的时间，国内互联网蓬勃发展，互联网的发展速度、创新速度大大超过传统的 IT 公司，各类移动互联网领域的创新项目层出不穷。这样看来，互联网公司似乎抢占了企业级 IT 服务市场的风头。国内企业级服务市场上的传统IT科技领域，以相对滞后的速度缓慢行进，似乎在等待某个新机会。从优秀的理工科学生更多地涌入互联网公司就可以发现这个趋势，当更多理工科优秀毕业生涌入互联网公司，而不是选择传统IT类企业时候，就能从一个侧面说明互联网公司的发展会优于企业级服务公司。在这种情况下，国内的企业级服务市场中更难出现像Salesforce这样的世界级的企业级服务巨头。

近几年，移动互联网发展速度变缓，人工智能、大数据领域给企业级服务市场注入了新的元素，数据成了新的生产要素，企业级服务市场中的企业用户（如汽车、航空、银行、保险、餐饮等行业的企业）也面临着新技术、新应用系统、新商业模式的迭代升级的压力，这给国内从事企业级服务的创新创业科技公司带来了新的挑战和机遇。在未来的世界中，似乎谁更能拥抱未来，谁更开放，谁就更代表着未来无限的可能。

## 8.2.2　企业数据的现状与诉求

在企业级服务中，数据成了新的生产要素，更多企业开始关注数据的采集、挖掘、分析，以及数据服务等领域。本小节以某石油公司的数据现状及数据诉求为例，介绍企业数据的现状及诉求问题。

笔者曾参与某石油企业大数据规划设计项目，针对这些子公司单位进行数据现状调研及数据诉求梳理，在收集到的数据诉求报告中显示，在企业中，有65%的数据为非结构化数据。75%以上的子单位企业期望能够有更好的系统来存储并且帮助他们理解数据、分析数据，52%以上的企业提出需要引入高级数据分析能力，帮助企业来做业务分析。另外，很多企业的信息化水平很低，很多数据还被记录在纸上。

以上针对企业数据现状及诉求的调研比较有代表性，不同行业的企业都面临同样的现状及诉求。这些企业不光是国内的中小企业，一些外资或者国内行业头部的企业，也面临着同样的问题。在走访的过程中，笔者发现很多企业同时面临着另外一个问题：企业自己已经有了很多的数据，但是不知道怎么用，不知道如何让其产生价值。

### 8.2.3 企业数据的应用时机

不同的企业面临着类似的数据现状及应用诉求，但是不同的企业又有不同的时机。做得晚的行业，也可以借鉴做得比较早的行业的数据经验。

我们在研究数据在不同行业中的应用时发现，将数据、分析技术应用于业务，做得最好的是互联网行业，之后是金融、保险行业，零售以及快速消费品行业、航空行业也都有一定的数据分析诉求。

在金融、保险类行业中，从外部环境来看，互联网巨头如阿里、腾讯也都在该领域有业务布局及尝试。从内部环境来看，金融、保险对支付相关系统的要求非常高，金融、保险类企业在 IT 领域的投资也是最多的。当前，国内保险行业还处于成长期，保险科技领域各种创新的业务逐步发展起来（如车险、供应链金融、人寿险等），零售及快速消费品这两个行业生意增长乏力，缺乏数据支持，但是对于数据的诉求很强烈，这类企业把希望寄托在数据分析、数字化转型上。

近几年，政府大力支持制造业进行升级转型，使得智能制造也成为新的热点。因为智能制造涉及生产、研发、供应链，整个环节会比较长。更多创新型科技公司早期如果没有一定的资源优势，直接进入智能制造行业会有较大的压力。

我们在接下来的部分重点介绍传统行业的三个代表：汽车行业、航空行业、保险行业，介绍这三类企业如何搜集整理数据并搭建企业大数据基础平台，以及如何做应用规划并推进项目落地。通过对这三个行业的介绍，让读者深入理解数据在不同行业中的应用。

## 8.3 汽车行业

汽车制造业在近几年也经历了许多变化：互联网公司的代表百度开始推进无人驾驶项目，阿里巴巴提出新制造战略，东风汽车主动和互联网公司进行合作，民营企业吉利收购了多个知名汽车企业（品牌）……

### 8.3.1 汽车行业的数据应用

汽车制造行业本身涉及的产业链条比较长，包括主机厂、汽车后市场、汽车保险、汽车金融等。许多汽车主机厂开始组建大数据团队，研究内外部数据，规划数据应用，并期望能够通过数据分析提升自身的业务。

在规划汽车行业数据应用之前，首先需要针对相关业务部门提炼需求，分析主题，定义业务的痛点。在确定了分析的主题之后，将其转化为数据应用规划的一个点。

在项目实践中，帮助企业制定企业数据应用规划需要三个步骤。

（1）理解企业现状，梳理当前业务痛点。

（2）确定业务分析主题。

（3）业务部门确定核心诉求，制定出提升业务价值的数据应用规划。

#### 1. 汽车行业数据应用规划

找到企业业务部门的数据诉求及业务痛点，和业务部门负责人达成一致，转换成数据应用规划。接下来针对汽车行业产链条上的每一个环节，研究整个汽车产业链条（涵盖汽车主机厂、汽车4S店、汽车后市场三大领域）上每个环节存在的可以提升的业务领域，潜在业务价值的增长点、改进点，并考虑能否利用数据科学相关技术，对行业链条上的部分环节进行改进。

在对每一个分支业务领域做过大量的行业研究后，可以勾勒出未来能利用数据分析、人工智能相关技术改进的业务场景，以及进行该应用场景落地的最佳时机，并且标注出相应业务场景所属的分析类型（是预测分析项目还是数据创新项目），这样针对汽车行业产业链条的数据应用规划就完成了，如图8-3所示。

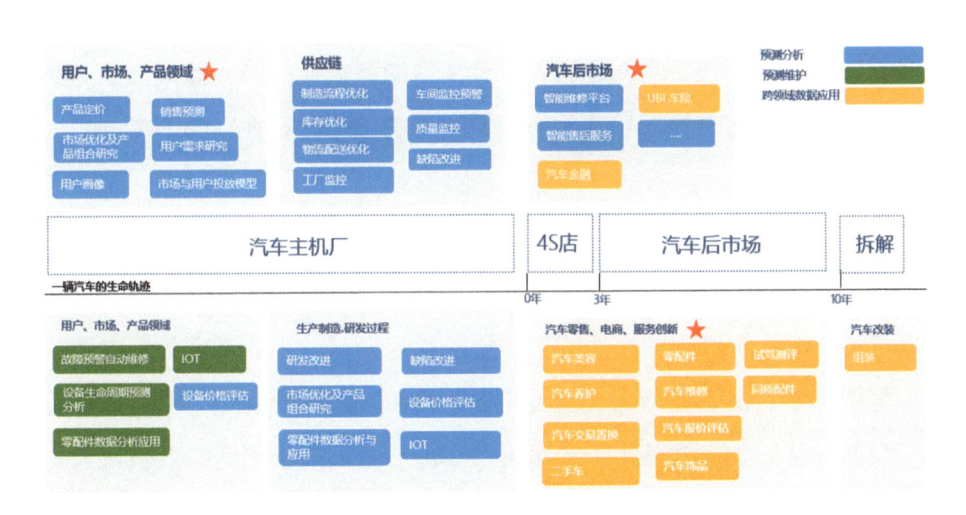

图 8-3　汽车行业产业链条数据应用规划

图中每一个长条块表示一个可能发起的数据项目，用五角星标记出的表示这部分在当前阶段具有一定的落地可行性（一般经过了可行性研究，同行业或者跨行业企业有过类似的案例）。其他类数据应用部分，需要做一些可行性研究，并对落地难度做出判断，然后将相应的数据应用的落地可行性及重要性进行优先级排序，之后便可以根据重要性、项目复杂度、可行性、投资回报率等综合因素考虑并逐步启动项目。

在当前汽车制造业中，最容易落地的是围绕用户、市场、产品领域的创新方面的应用，包括用户画像、销售预测、需求研究、智能运营等。其他领域的数据应用（涉及生产、制造、供应链领域）复杂度不同，有待深入研究。

对大多数汽车制造企业来说，可以雇用一些软件领域的专业人才一起研究企业中的数据应用方案，这是因为，这些企业在技术领域的沉淀和积累，以及对新技术的掌握普遍偏弱，不足以支撑企业在内部发起这类项目。所以，这类项目一般需要靠外部的技术类公司帮助完成。

在给企业制定数据应用规划时，需要具有一些核心能力，具体包括行业领域研究能力、问题概念化能力，还要熟悉人工智能、数据分析相关领域的最新技术，具有较为丰富的技术实践经验，以及丰富的跨行业经验。如果企业内部确实缺少这类人才，不妨在外部寻找相应领域的专家，帮助企业完善该部分的分析和规划。

### 2. 汽车行业内外部数据源梳理

研究完企业全链路上的数据应用，接下来我们帮助企业制定数据应用落地的重点实施路径。制定实施路径时，首先要明确关注的核心痛点，然后选择业务价值高、数据质量好、容易落地的项目进行实施。企业对于不同的业务方向，还需要考虑从哪里切入，不同的切入点需要什么样的数据、能力、资源支持。

由此，企业需要对所拥有的内外部数据源进行盘点梳理。主要盘点项包括企业内部有哪些数据源，数据是否可用，数据的存储、分布、质量、数量、更新频率及周期都是怎样的。对于企业外部的数据，还包括可以为企业所用的有哪些，数据质量如何，如何使外部数据和内部数据相结合，如何定义出应用场景，设计什么样的方法进行验证等。

1）内部数据源梳理

图 8-4 所示为汽车行业需要梳理的内部可用的数据源，以及潜在的外部数据源（每个汽车制造企业的数据源不一定完全一样）。在这些数据源中，优质的数据

源会被装入企业的数据湖，数据湖可以理解为数据仓库的升级版，明显特征是引入了更多的外部数据源。

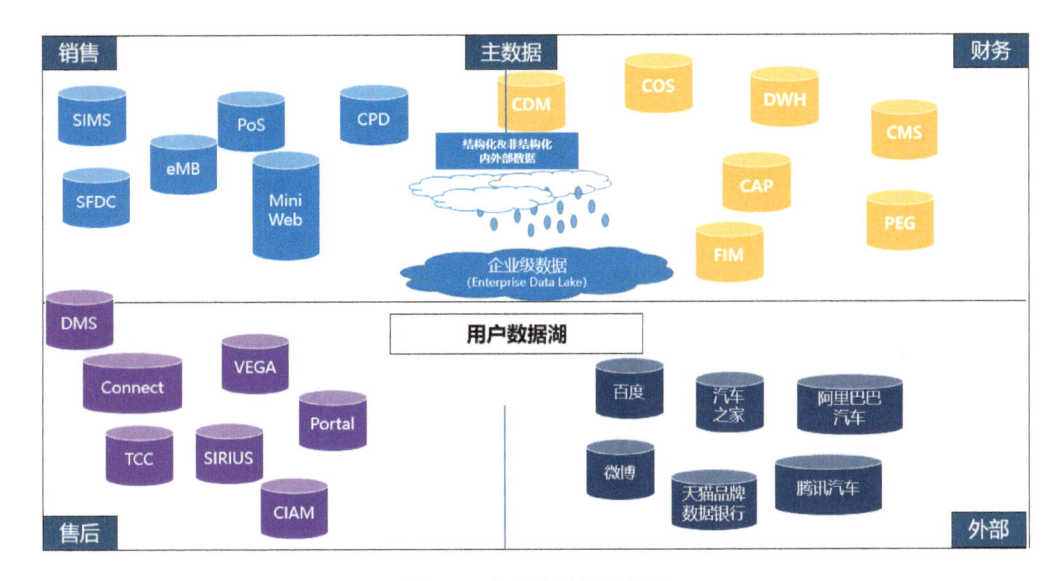

图 8-4　企业内外部数据源

图中梳理并总结出汽车行业涉及的五大类数据：销售数据、主数据（企业的主数据系统，和制造业相关，这里当作一个数据源即可）、财务相关数据、售后数据，以及外部数据。不同类别的数据被装在不同的数据系统中。

企业在规划大数据项目的过程中，一般包括数据源梳理、数据质量评估、数据应用战略规划、数据治理、数据审计、数据管理办法等环节。

2）外部数据源梳理

前面介绍了汽车制造行业内部数据源（包括部分潜在的外部数据源）。接下来，专门针对汽车行业外部数据源进行梳理，研究哪些数据源可以和汽车制造行业的某些业务场景结合，产生新的商业创新。图 8-5 所示为汽车制造行业外部数据源。

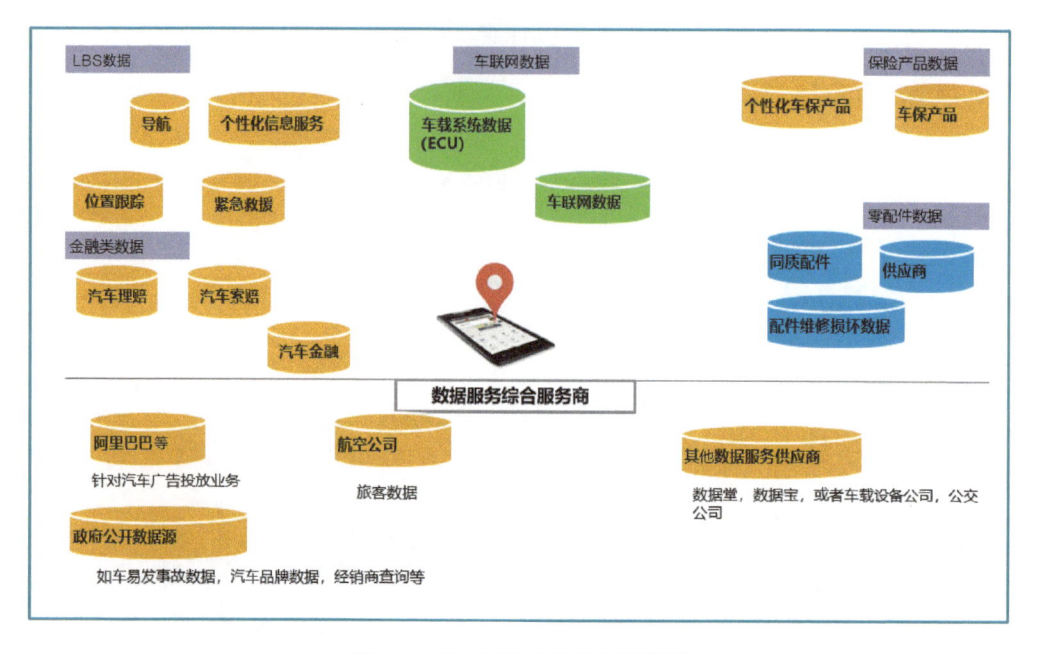

图 8-5 汽车制造行业外部数据源

在汽车制造行业中，利用数据进行业务创新相对容易的领域为 LBS、金融、保险、零配件等方面。而数据创新应用最多的场景是汽车金融、汽车保险领域。大多数优质的初创公司在创业时所选择的切入点也在这些领域。企业在思考应用场景的时候，可以参考外部的创新企业做的一些业务，获得商业上的一些产品思路。结合企业自身环境，从中选择获取成本低、业务价值高的领域作为大数据分析创新应用试点。对于企业生产、研发、供应链环节，利用数据改进的部分我们暂不涉及，但是基于同样的思路，读者可以分析自己所在的业务领域。

## 8.3.2 用户数据平台的建设

对于汽车企业来讲，这些年搭建最多的大数据平台，就是用户大数据平台（Customer Data Platform，CDP），绝大多数汽车企业都会构建这样一个数据系统。企业在梳理完汽车制造行业中的数据源后，可以利用这些数据源搭建用户大数据平台，支撑用户、市场、运营部分的分析，指导生产工作。

1. 用户大数据平台规划

搭建汽车制造行业的用户大数据平台，首先要确定企业需要加载到用户大数据平台中的相关数据源，并确定大数据项目核心的应用输出。

图 8-6 所示为汽车制造行业用户大数据平台架构，这是一个通用架构。任何数据要进入大数据平台都需要经历抽取、传输、加载的过程，最后进入相应的数据仓库，最上面的部分是数据展示，供外部数据调用，应用于可视化分析、数据挖掘等方向。

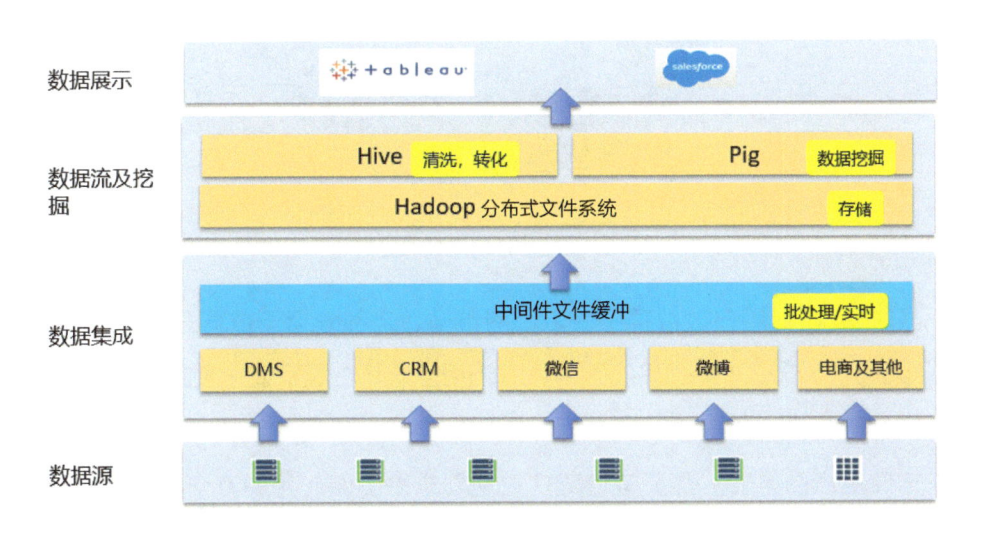

图 8-6 汽车制造行业用户大数据平台架构

在汽车制造行业的用户大数据平台中，一般包括企业内部的各类数据源，如 DMS（经销商管理系统）、CRM、微信、微博、电商及其他渠道，还包括企业外部的数据源，如车企路演、车站、市场活动、电视节目中的销售线索数据。企业将内外部的数据源进行统一梳理、规划并进行集成，整合到用户大数据平台中。到此为止，企业的用户大数据平台就建成了。

## 2. 用户 ID 的打通

对于已建成的用户大数据平台，绝大多数行业期望能够做到用户 ID 的打通，进行各类系统的统一，如图 8-7 所示。

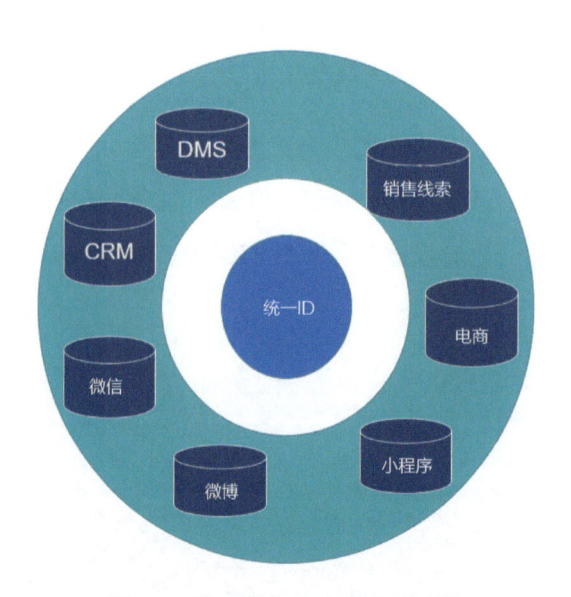

图 8-7　统一用户 ID 打通各类系统

打通 ID 后的用户大数据平台之上的数据，一部分用于数据分析，构建模型，生成报表，一部分供其他系统调用。围绕用户这个主题，这些数据可以应用的场景包括用户画像、用户忠诚度分析、实时销售统计、用户流失、用户分群等。企业在构建用户画像时，需要有针对性地规划未来画像应用的方向，并且有针对性地准备相应的数据源，不同的数据源支撑不同的应用场景。

### 8.3.3　数据应用场景

企业完成用户大数据平台的建设后，可以在用户大数据平台上做很多数据应用规划。汽车行业的应用场景一般包括 360 度用户画像、用户销售线索及策略、高级分析模型、车联网保险场景等。

1. 360度用户画像

用户画像，指企业在发起项目或开发新品之前，研究用户群体的特征，用定量或定性的方法勾勒出目标产品所针对的用户的特征。在进行具体产品的开发设计时，让产品经理、开发团队对产品用户的认识能够达成一致，确保理解了目标用户群体，集中一切力量进行产品开发。

企业需要围绕可能出现的应用场景，设计出汽车制造行业的用户画像标签体系。在该体系下，企业结合能够搜集到的数据，针对汽车用户的画像，可进一步完善对应的数据应用场景。

如图8-8所示，汽车行业的用户群体有四个画像维度：人文维度、兴趣偏好维度、商业维度及时间维度，每一个维度又可以扩展出相应的用户特征，比如人文维度又可以扩展出自然特征、社会特征。用户特征部分又可以根据不同的场景进行进一步的细分（如自然特征包括年龄、性别、生日、家庭住址等）。企业有了这些规划后，可以搜寻相应的数据进行收集。收集到足够的数据，构建起标签体系后，可以用于用户分群、需求预测分析、关联推荐、用户画像推荐等方面。

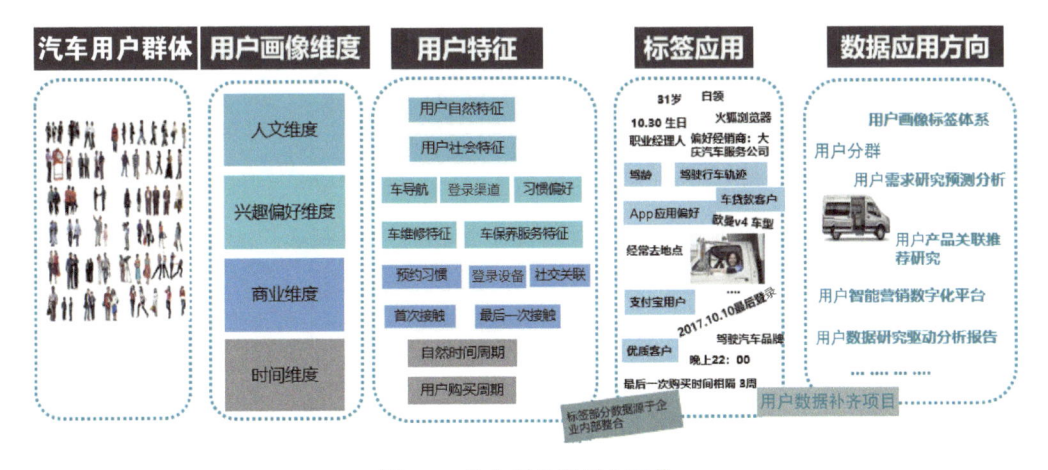

图8-8 汽车行业的用户画像

企业用户画像及其标签体系,更多地被用于企业的用户精准营销中,企业可以针对不同群体,在不同渠道进行广告的投放。接下来,我们介绍一下汽车行业用户个人画像及群体画像的应用。

1)个人用户画像

根据采集到的用户数据,经过整理后可以得出完整的用户信息,图 8-9 所示为一个用户的信息。

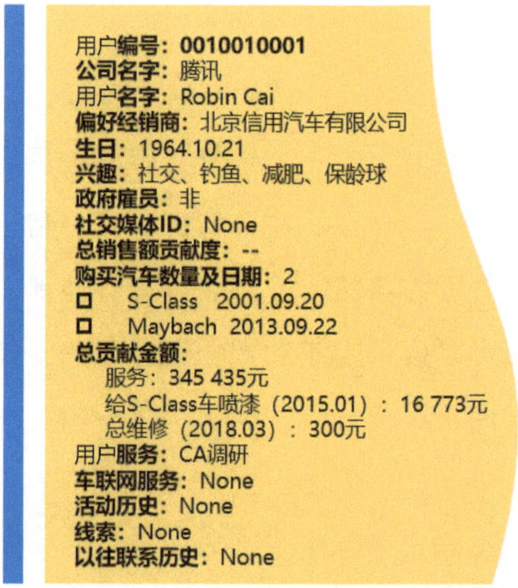

```
用户编号：0010010001
公司名字：腾讯
用户名字：Robin Cai
偏好经销商：北京信用汽车有限公司
生日：1964.10.21
兴趣：社交、钓鱼、减肥、保龄球
政府雇员：非
社交媒体ID：None
总销售额贡献度：--
购买汽车数量及日期：2
  □   S-Class   2001.09.20
  □   Maybach  2013.09.22
总贡献金额：
  服务：345 435元
  给S-Class车喷漆（2015.01）：16 773元
  总维修（2018.03）：300元
用户服务：CA调研
车联网服务：None
活动历史：None
线索：None
以往联系历史：None
```

图 8-9　用户偏好画像特征

企业有了这样一些数据之后,一般可以对用户进行分群管理与营销。但是,一般用户画像的精准性取决于收集到的数据的准确性、完整性及全面性。企业在具体实践过程中,经常碰到的情况是数据不足,解决数据不足问题的方法有增强数据系统、手工添加数据等。

2)群体用户画像

企业有了用户大数据集成平台之后,可以围绕一部分群体做群体特征的研究。下面取出某汽车企业的一部分数据,得出用户群体画像特征,如图 8-10 所示。

## 汽车用户画像

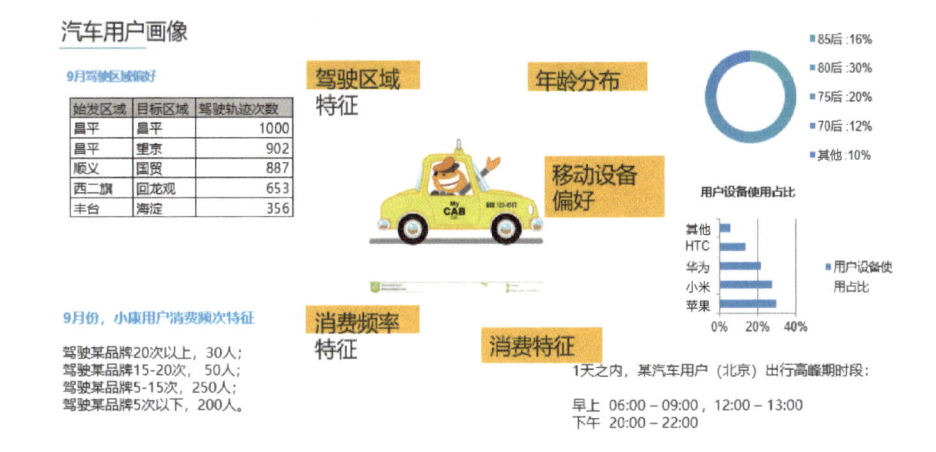

**9月驾驶区域偏好**

| 始发区域 | 目标区域 | 驾驶轨迹次数 |
|---|---|---|
| 昌平 | 昌平 | 1000 |
| 昌平 | 望京 | 902 |
| 顺义 | 国贸 | 887 |
| 西二旗 | 回龙观 | 653 |
| 丰台 | 海淀 | 356 |

**9月份，小康用户消费频次特征**
- 驾驶某品牌20次以上，30人；
- 驾驶某品牌15-20次，50人；
- 驾驶某品牌5-15次，250人；
- 驾驶某品牌5次以下，200人。

**驾驶区域特征** **年龄分布**

- 85后：16%
- 80后：30%
- 75后：20%
- 70后：12%
- 其他：10%

**移动设备偏好**

用户设备使用占比：其他、HTC、华为、小米、苹果

**消费频率特征** **消费特征**

1天之内，某汽车用户（北京）出行高峰期时段：
早上 06:00 – 09:00，12:00 – 13:00
下午 20:00 – 22:00

**明星驾驶员**：驾照C1，**年龄28**，9月份**每日**外出均驾驶某某品牌汽车，籍贯**陕西宝鸡**，**倾向于"晚上20:00-24:00"驾驶**，经常活动范围为**昌平回龙观至望京路线**，经常**停靠回龙观建亚健身房**。

图 8-10 汽车用户群体画像

这里经过对某品牌汽车用户的研究，得出了驾驶员的年龄段、9月份经常驾驶的区域、该品类车的月度驾驶频次及出行高峰期等特征。企业根据群体用户画像，一般可以有针对性地对某些用户群体进行营销推广，找到合适的激励或促销策略。

### 2. 用户销售线索及策略

汽车行业中经常会提到一个词语：销售线索。汽车企业的销售线索有三个来源：冷线索，指在企业有过购买行为，之后沉寂的用户的线索；潜在用户线索，指企业在销售过程中收集并接触到的用户的信息；竞品用户线索，指竞争对手的用户线索。

企业采集到不同来源的用户销售线索后，可以根据销售线索的特点，制定不同的营销策略，具体如下。

- 冷线索：进行产品投放，获取高质量的用户，挽回用户，促进用户购买。

- 潜在用户线索：直接进行销售。

- 竞品用户线索：有针对性地进行促销，把用户从对方阵营拉到自己的阵营里。

企业在实践过程中，针对搜集到的不同的销售线索，还可以利用一些预测分析方法，找到更高质量的潜在用户群体，进行更精细的数字运营活动。

3. 高级分析模型

对企业而言，某些从未被测试、验证过的新项目，如果直接从概念出发启动项目，风险就会过大。因此，更多企业对于这种结果不确定的新项目，在正式启动之前，都会用较小的投资进行测试，验证项目的可行性。待项目结果初步证明具有可行性之后，再做更进一步的投资，这个过程被称为 PoC（Proof of Concept，概念验证），项目被称为 PoC 项目。PoC 项目在一些复杂度较高的项目中非常常见，技术咨询公司给企业做项目方案的时候，经常提到 PoC 项目。

汽车行业业务领域复杂，针对该业务领域的数据质量参差不齐。某些生产环节的模型项目业务复杂度高，专业性强，可能需要上百万元的预算支出（一个成功的模型项目需要建模专家、业务专家等多方参与，人力成本比较高），因此投入之前要衡量投入产出比。

汽车行业有很多可以利用数据改进业务的项目，涉及预测分析，高级分析模型等，建议企业在启动这些汽车数据应用项目（主要指预测、挖掘分析类项目，行业中没有较多成功案例的项目）之前，首先采用 PoC 方法测试项目的可行性。

下面介绍汽车制造领域故障分析类项目的 PoC 测试过程。

（1）项目名称：汽车故障分析项目 PoC 项目设计方案。

（2）业务场景及项目收益描述：该部分介绍该项目的业务场景、可用的数据源、项目收益、项目评估及项目可行性研究，如图 8-11 所示。

图 8-11　故障预测分析项目

（3）数据处理的整个流程及过程：该部分介绍项目数据流程，包括数据引入、重新组合、数据清洗、数据转化、计算与挖掘、结果输出，如图 8-12 所示。

图 8-12　数据清洗过程

- 数据引入：需要处理的数据被加载到数据湖中。

- 重新组合：数据被分类，并重新进行组合。

- 数据清洗：检查数据一致性，处理无效值和缺失值等。

- 数据转化：将数据做标准化处理。

- 计算与挖掘：数据被计算、添加标签、打分、分类分析。

- 结果输出：结果数据会被载入目标文件夹，并被加载到系统（如Tableau）中。

（4）故障预测及模型结果说明：这部分是该预测分析项目中使用到的预测分析技术（建议使用决策树分析、高斯模型等），模型最后生成的结果如图8-13所示。

**模型结果**

| 编号 | 设备故障主要触发因素 | 触发可能性 | 采取措施 |
|---|---|---|---|
| 001 | 点火器 | 0.90 | 更换好的点火器 |
| 002 | 温度 | 0.75 | 提示调整温度 |
| 003 | 山坡 | 0.65 | …… |
| 004 | N | 0.32 | |

**决策树模型原理（PCA候选）**

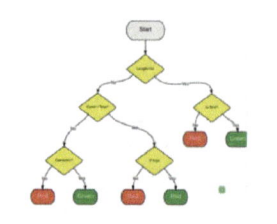

**模型结果解释**

决策树分析（PCA）显示了可能触发设备故障的主要因素。对企业利用数据科学决策提供帮助。例如：触发设备故障主要因素是点火器，触发可能90%，提示厂商可以更换好的点火器，降低故障率；温度影响因素有75%可能性，主机厂可在温度过低时提示车主提升温度等

图 8-13　故障预测分析项目模型原理及结果

在该案例中，通过故障预测分析可以找出可能触发设备故障的因素，比如"点火器""温度"是最可能导致设备故障的因素，这两部分因素对故障的触发概率最大。因此，基于这样的模型，能够指导业务决策：可以更换更好的点火器、针对温度导致的故障可以提升机器的耐高温性，等等。

4. 车联网保险场景

汽车行业利用数据进行业务创新，最需要结合的两个行业是金融和保险，如图8-14所示。这两个领域和汽车行业结合会衍生出以下两种业务：汽车金融，

汽车保险。汽车行业围绕金融、保险行业的创新是最有发展前景的领域之一。

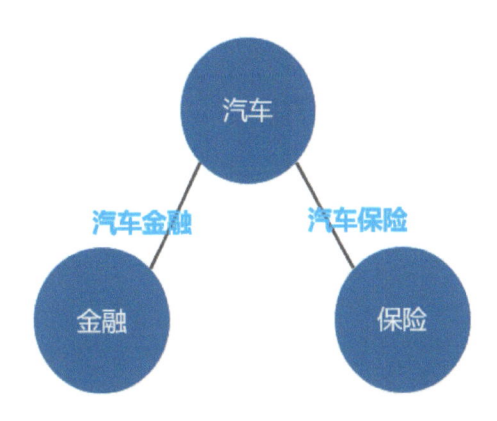

图 8-14　汽车数据应用创新业务方向

图 8-15 展示了某车联网公司构建的集车辆档案、监控预警、风险评估、用车提示、紧急救助，以及远程诊断等为一体的一站式流程，整个环节覆盖汽车检测、保险、个性化服务及预测维护等多方面。

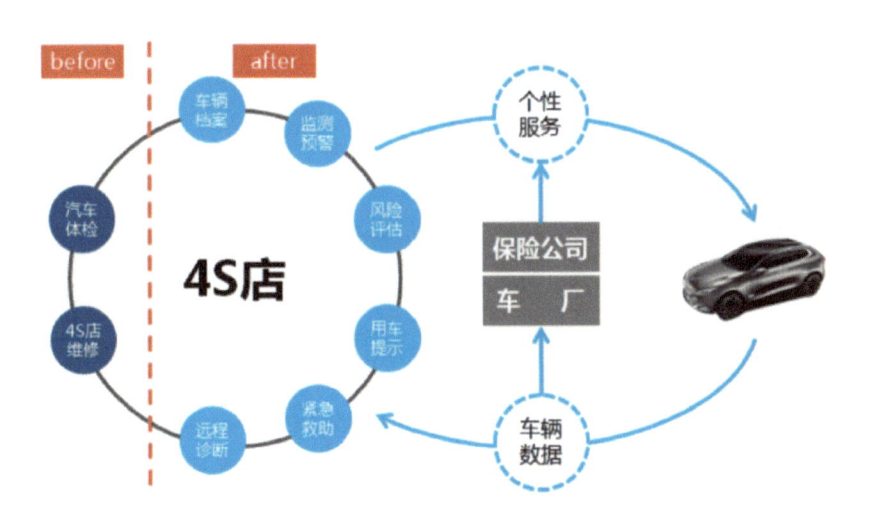

图 8-15　车联网公司一站式流程

汽车上配备有车载盒子，可以采集到汽车运行过程中的各类数据；汽车在做体检及在 4S 店维修时候，会留下维修记录。这些数据构成了汽车的车辆档案，包括驾驶人信息、汽车信息、汽车行驶时周边的环境信息等。有了这些实时更新的数据之后，这些数据被应用于车辆的检测、预警、风险评估等方面。对于汽车车主，还可以根据行车记录仪记录的各类信息，为车主提供远程诊断、紧急救助等任务。对于汽车保险业务收入占比较高的保险公司来说，可以为车主提供个性化服务。对于主机厂，利用与车辆相关的数据，可以改进设计方案等。

## 8.4 航空行业

随着移动互联网的发展，很多传统的航空公司期望能够从单纯地提供位移服务，转型为提供出行综合服务。在出行这个短暂的场景里，隐藏着巨大的潜在价值。在短暂的飞行过程中，航空公司的航空客舱，完全可以成为一个新的流量入口，这个相对封闭的场景，孕育过机上零售细分行业。伴随着机上 Wi-Fi 的进一步普及，机上的电商、购物也成了某些航空公司尝试的新的业务增长点。

### 8.4.1 航空行业新变化及数据应用规划

国内民营航空公司围绕航空公司的核心业务——机票销售开拓出各类新的细分市场，主要有电商、旅游、互联网业务，也有些航空公司依托旅客资源自己做旅游平台。大数据、新技术的进入，促使企业的数字化、信息化有更进一步的提升。

在传统的企业中，航空业算得上数据量相对富足的一个行业，这些数据包括海量的旅客数据、飞机飞行数据、运营数据、维修数据、监控数据等。

正因为航空业有非常富足的与旅客相关的数据，所以航空公司需要根据当前的业务战略、当前面临的业务问题，有针对性地制定相应的数据应用规划路线图。

航空公司希望通过数据分析做用户研究和产品销售相关领域的分析，支撑整个电商平台的业务。同时，期望能够利用数据分析，提升运营和营销效率。

基于这样的背景，按照大数据采集—集成—整合—分析—应用规划这个步骤来进行建设。图 8-16 所示为某航空公司未来三年的大数据平台建设及应用规划的落地场景。

图 8-16　某航空公司大数据规划

该航空公司未来三年的大数据应用规划划分为三个阶段，三个阶段的主要内容如下。

阶段 1：打基础阶段。该阶段需建设基础数据平台，策划数据分析应用项目。该阶段涉及的项目有航线动态网络图（勾勒出整个运输路径）、用户画像、会员生日计划（通过预测分析找出潜在用户，在用户生日时进行触达）。

阶段 2：夯实基础阶段。该阶段需梳理各部门业务需求，整理出业务中需要的各类指标。该阶段涉及的项目有业务体系模型的建立、数据驱动指标体系的建立（把业务中经常用到的指标做成固化的 BI 报表），以及用户需求预测、销售额预测等统计分析项目。

阶段 3：进阶阶段。该阶段需关注企业重点、核心业务领域的痛点，建设大数据分析平台。在此基础上，围绕航空领域的三大高成本领域、重点关注降本增效，涉及的该行业普遍面临的问题有：燃油预警、运营监控、收益预测等。

以上三个阶段覆盖了企业 BI 需求、数据驱动指标体系、预测分析等，覆盖了从部门面临的业务痛点到行业痛点的方方面面。

## 8.4.2 航空用户大数据平台规划

航空用户大数据平台的建设基于航空公司发起的电商、旅游相关业务，通过建设相应的大数据平台，可以帮助企业提供相应的决策支持。

### 1. 用户大数据平台

在规划并建立用户大数据平台之前，要预先规划一些数据分析应用场景，主要是与用户、会员、运营、营销主题相关的场景。

在搭建好的基础平台上的应用包括：会员体系、用户画像、个性化推荐、拉新、复购、会员数据、用户分群等，如图 8-17 所示。不同的应用场景支撑不同的运营及营销活动。

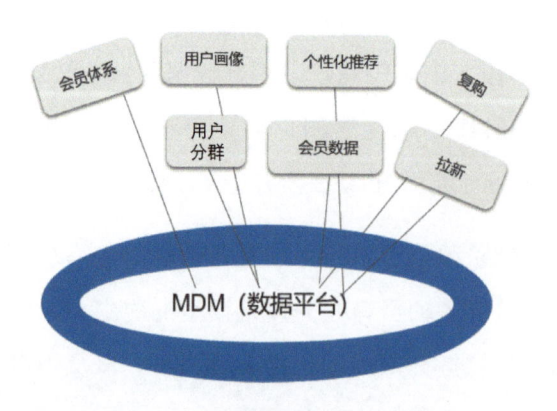

图 8-17 航空数据平台的应用场景

## 2. 用户大数据平台的架构

在规划完用户大数据平台之后，开始设计用户大数据平台基础架构。图 8-18 所示为采用 MySQL + Hadoop 方式搭建企业用户大数据平台的架构。

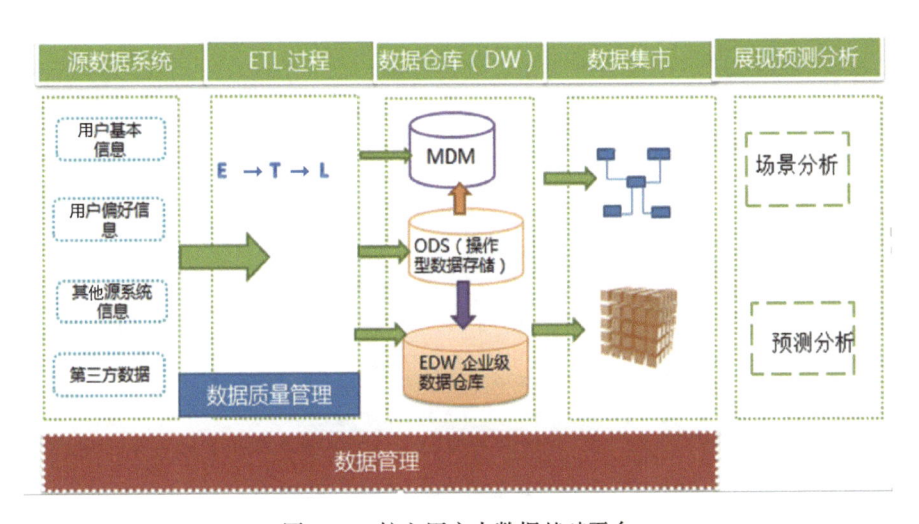

图 8-18 航空用户大数据基础平台

该平台最左边是各类源数据系统（包括用户基本信息、用户偏好信息，其他源系统信息及第三方数据），中间层是 ETL 的抽取加载过程，将"清洗"过的干净数据加载进数据仓库，最后是场景分析及预测分析。

### 8.4.3 数据应用场景

绝大多数传统企业的大数据平台都是以用户为主线建设起来的。企业有了自己的数据应用规划，并完成大数据平台基础建设后，会在此基础上，建设企业用户画像体系。

#### 1. 用户画像体系的意义

企业建设了自己的用户画像体系后，可以在企业已有的用户数据基础之上，对用户进行分群分析,并有针对性地进行用户运营。在用户大数据平台建设中,用户画像的研究及标签体系的设计也是其中一个很重要的环节。

在经营过程中,更多的企业会尝试从统计指标分析层面,进行基础的用户统计分析,如图 8-19 所示。

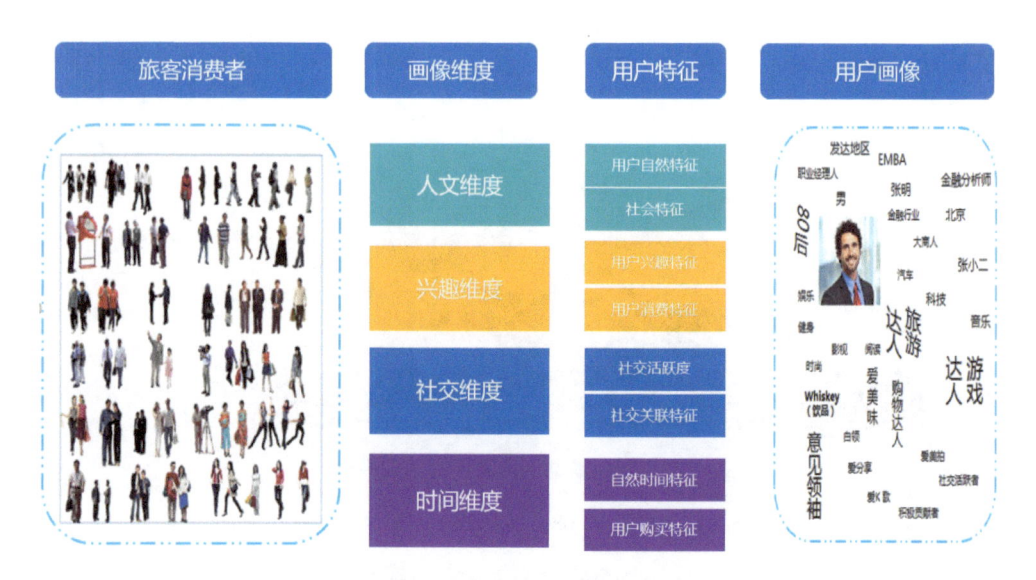

图 8-19 航空用户画像分析

给用户打上标签后,这些标签可以应用于运营及营销场景。当企业的标签越来越丰富的时候,还可以引入一些高级分析建模技术,生成一些预测分析类的标签。这些标签比较常见的有:复购可能性、流失可能性、最可能购买等。这类应用在航空旅游之类有一定数据的平台中是比较好的应用。

## 2. 用户群体画像

对于统计意义上的群体画像特征,企业需要研究用户并勾勒出用户群体的整体画像特征,以及各类群体在不同时间的消费情况,基于此,企业针对具备某些特征的用户群体,可以进行广告运营类的活动。图 8-20 展示的是某航空旅游企业的用户群体画像。

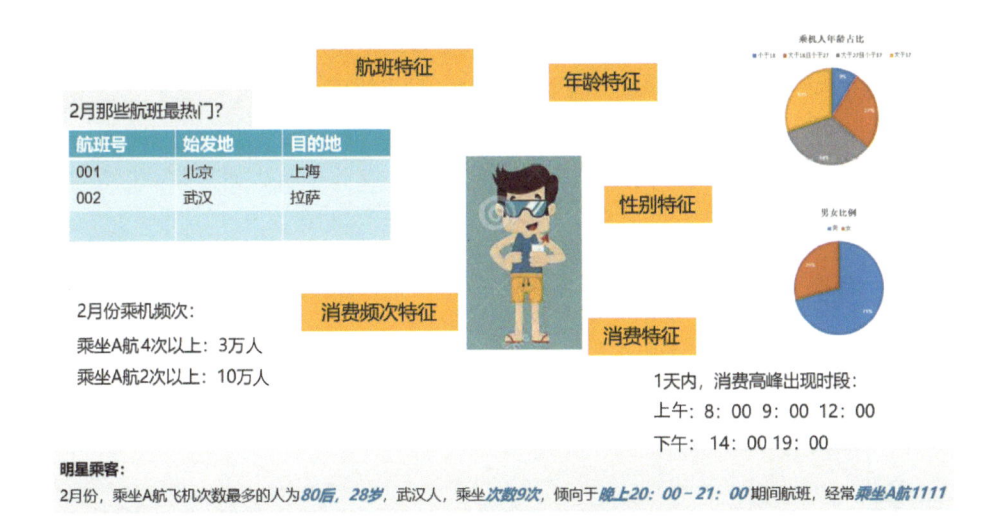

图 8-20 航空旅游用户群体画像

基于基础的属性信息，可以看到哪个月哪个航班的运送次数及人数最多、企业主要用户群体的年龄段等。利用这些信息，航空公司可以针对特定的用户制定相应的营销策略（比如做机票和保险产品的交叉销售）。

3. 用户群体需求预测

企业构建了自己的用户画像体系后，可以对用户进行精确地广告投放、市场营销。也有一些企业，希望能够理解潜在用户的需求，能够更好地理解自己的用户。下面介绍一个案例，某航空公司选取一定量的样本数据，利用聚类分析模型，结合企业业务方向，勾勒出了企业几个主要用户群体的需求特征。

在此案例中，该公司通过用户问卷，采集到用户观点类意见数据样本 15 000 多份，每份样本涵盖用户个人属性、兴趣偏好及其他预先设置的属性标签。基于此样本，可以采用聚类模型对用户群体进行分群。

如图 8-21 所示，他们将用户群体分为 5 类，为不同用户群体在美食、电影、旅游、购物方面赋予相应的权重。

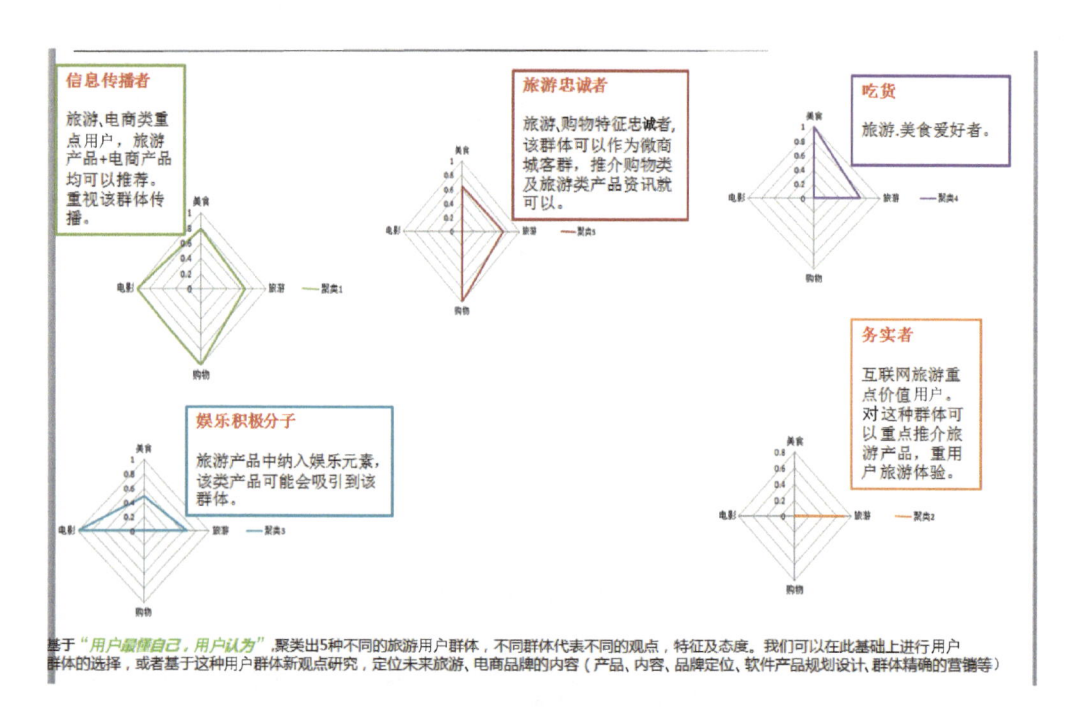

图 8-21 用户需求洞察分析

这 5 类群体的主要特征如下。

- 群体 1：电影、购物偏好权重最高。

- 群体 2：购物、旅游偏好权重最高。

- 群体 3：美食、旅游偏好权重最高。

- 群体 4：电影、旅游偏好权重最高。

- 群体 5：旅游偏好权重最高。

在企业数据库里找到以上 5 个群体的特征，对不同的群体，提供用户更加喜欢的服务，可以提升用户的留存率及转化率。

## 8.5 保险行业

近几年，国内的保险行业比往常更热闹一些，"蓝海""正在起来的行业""保险科技"等名词把这个行业往前推了一步。保险行业离不开数据，未来也会有更多围绕数据的新的保险模式出现。本节从保险科技谈起，保险科技的出现主要是因为企业有数字化战略转型的需求，其主要意义在于解决保险产业链条上的痛点。这些痛点聚焦在营销、承保、保单服务、理赔等领域。另外，除了企业的数字化转型之外，还出现了大量新的保险平台、保险商业模式。

### 8.5.1 保险行业的环境及机遇

与国外的保险行业相比，国内的保险行业处于成长早期阶段。通过研究保险行业的发展史和现状可以发现，电商对保险生态圈产生了很大的影响。保险的本质是互助，未来保险行业的主要销售渠道是互联网，通过电商渠道，可以省去中介环节，降低管理费用。互助、众筹式保险模式涌现，并向平台式企业发展。在保险行业内部，财富管理、风险保障已成为界限分明的两类产品。根据目前的趋势推断，未来电商可能会"干掉"传统财产保险公司，而保险公司的生态圈里又会出现新的财险公司和寿险公司。

### 8.5.2 保险行业痛点分析

保险行业的主体分为 B 端（保险企业）和 C 端（保险用户）两部分，其各自也有长期的痛点存在。下面从保险企业产品创新困难、保险用户产品购买体验差的角度出发，总结出各自面临的痛点，如图 8-22 所示。

保险公司的痛点：保险公司的保险产品设计过于复杂，产品属性多，偏离用户太远，保险公司内部创新的天花板较低。

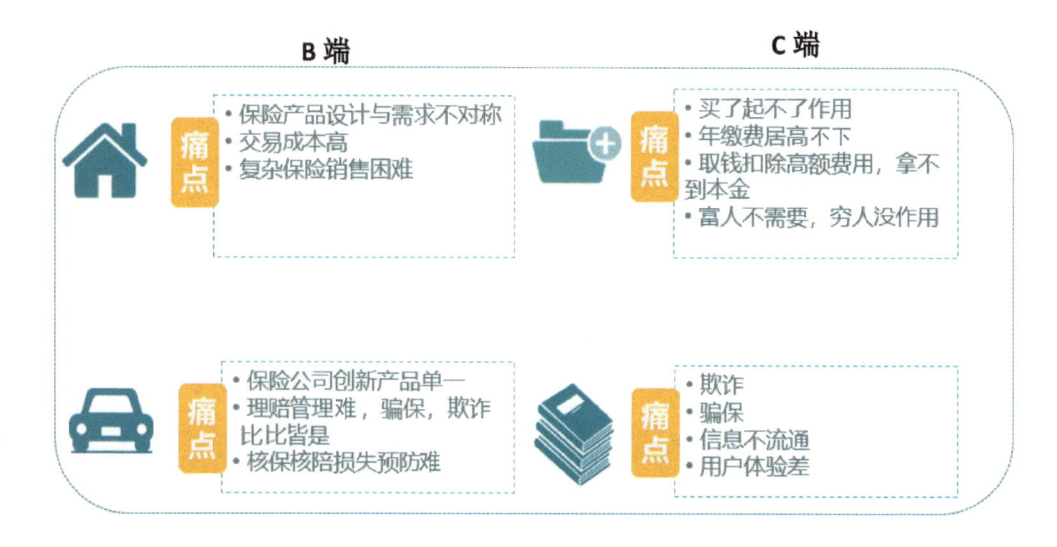

图 8-22　保险行业面临的痛点

保险用户的痛点：用户在购买保险产品的时候，往往不清楚自己购买了什么。保险用户的核心诉求是需要更合理的、能让自己理性规划未来的保险产品。随着中国中产阶层的崛起，会有更多保险诉求出现，保险知识的普及、用户购买体验的改进、更合理的保险产品的出现，将会是未来的趋势。

## 8.5.3　保险行业的数据化机会

随着人工智能、数据分析等相关技术的渗透，保险科技对 B 端、C 端用户做了一些技术应用方向的规划，整体目标是提升保险领域中间环节的效率。

### 1. 针对保险企业（B 端）的应用场景

场景欺诈检测、数据反哺、自动化索赔、理赔、损失预测、理赔管理、险种创新等。

## 2. 针对个人用户（C 端）的应用场景

策划新险种，优化用户体验，为用户进行保险规划。有一些新类型保险（如共享保险、保险规划等），是互联网科技公司可以尝试的非常好的方向。

另外，也有一部分企业通过设计 B2B2C 的商业模式，来实现对 B 端的改造及对 C 端群体的服务。图 8-23 所示是健康、保险领域针对 B 端进行数据赋能、针对 C 端进行服务的业务蓝图。

除了国内保险企业之外，科技巨头如阿里巴巴、腾讯等公司依托海量的活跃用户数据涉足保险领域多年，更多的是针对个人用户。近几年，各种创新类保险项目层出不穷。

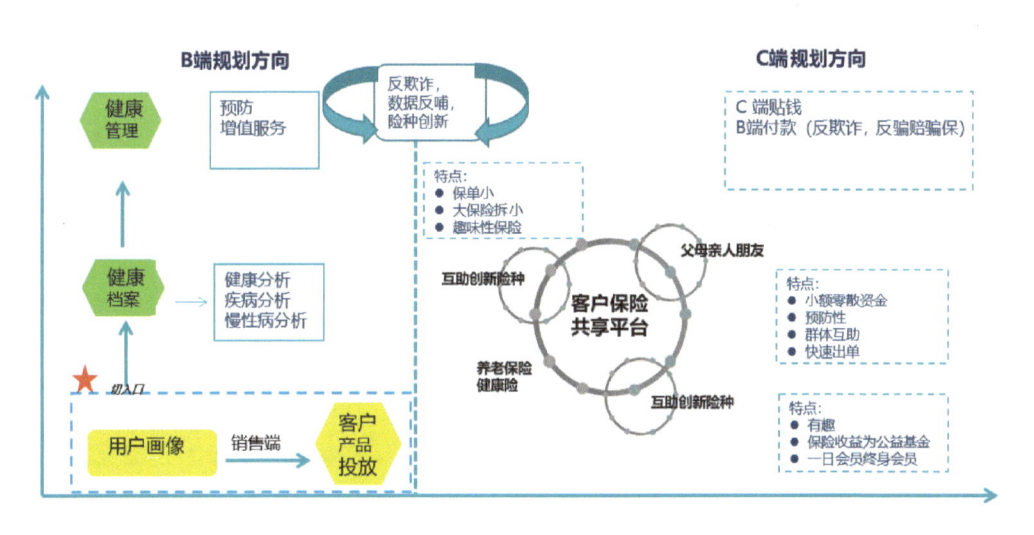

图 8-23　健康、保险领域业务蓝图

## 8.5.4　保险赛道上的互联网平台商业模式

健康险在互联网销售方面，采用互联网销售方式产生的销售额在各类销售渠道总销售额中的占比较小。在中国的健康险中，健康险保费具有占比较小、互联网保险销售不足的特征。中国的健康险与广大用户的医疗保障需求相比还有较大差距，健康险领域有待持续挖掘。

由此推断，中国的健康险行业尚处于快速发展的早期阶段，随着新技术的进入、中国互联网的日益发达和产业化趋势，健康险势必迎来更多的机会。

随着互联网公司往产业领域渗透，也出现了一些比较新的商业模式，比如，"共享保险"平台模式带动了更多保险产品在互联网上的销售。

1. 互助保险

互联网保险中，"共享保险"找到了连接用户的一个很好的方式。"大数定理"假定，只有少数人会患有某些大病，通过让更多用户参保，在某个人得病时大家救助，这是一种较新的商业模式。该模式提供了一个保险产品销售的新渠道，在平台上销售保险产品，一端连接着广大的用户群体，一端连着企业，未来可能成为保险公司与用户之间的"连接器"。

互联网创新保险公司水滴互助在早期采用了这样的商业模式，用户在水滴互助平台只需付很少的费用，当某个用户患了疾病时，平台就拿大家筹的款帮助这个用户。

据有关数据显示，水滴互助在两年内，月新增用户达到 40 万人，截至 2018 年 11 月，其平台共有 703 万名付费用户。此后，某些互联网巨头也推出了类似共享保险模式的应用。

2. 基于场景的保险

国内互联网公司拥有庞大的用户群体，基于这些用户群体，阿里巴巴、腾讯等一些互联网公司在不同阶段曾经推出过不同的保险创新产品，其中有一些是基于场景的保险产品，有些产品的推出是为了引入流量。例如"赏月险"就是为了吸引更多潜在用户的关注。

对于保险行业而言，随着互联网的持续渗透，未来还会有更多新的商业模式出现。

**3．一站式保险理赔索赔服务平台**

针对保险行业中面临的 B 端产品复杂，销售渠道单一，而 C 端用户对产品的选择缺乏规划等痛点，设计一站式保险理赔索赔服务平台，能够更好地解决这些问题。在线上帮助用户规划产品，快速出保单，可以降低行业成本，提升行业效率。一站式理赔索赔服务平台的具体架构如图 8-24 所示。

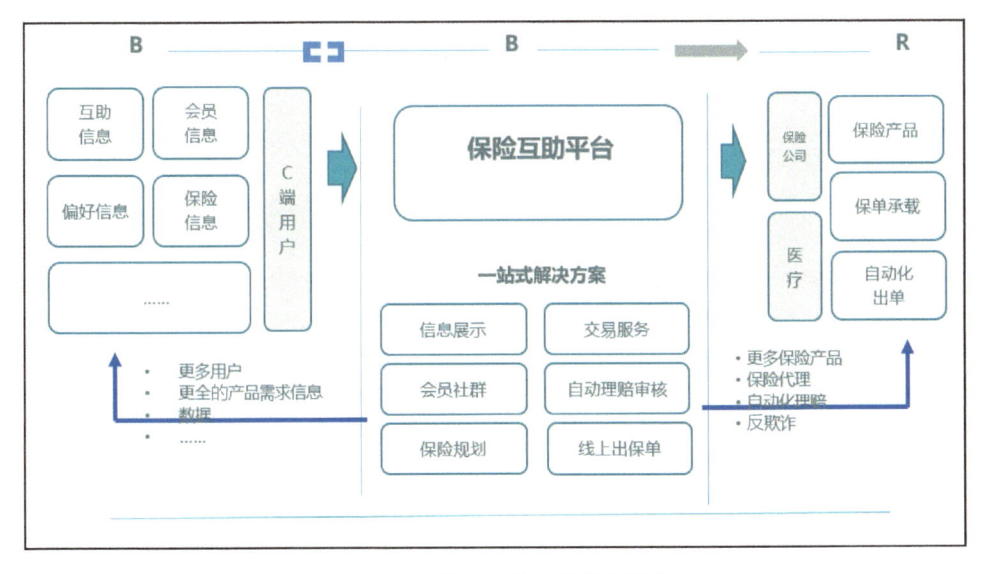

图 8-24　一站式理赔索赔服务平台

# 第 9 章

# 企业数字化转型

你去爬山被告知的第一件事,就是别去看顶峰,而要专注于在爬的路,一步一个脚印地耐心攀登,如果你不断地看山顶就会泄气。

——佚名

随着人工智能、数据分析等相关技术逐步渗透到各行业中，更多的传统企业面临数字化转型的需求，以求获得良好的、可持续的发展。而绝大多数企业的数字化转型，都离不开数据分析等技术及组织文化的升级。

## 9.1　企业数字化转型面临的困境

笔者为各类外资企业、民营企业、国有企业服务过，总结出了企业在进行数字化转型或者业务创新时，通常会面临的困境。

- 缺少相关人才：缺少数据分析、人工智能领域的资深专家，是企业数字化转型面临的第一大障碍。企业缺乏经验丰富的技术团队，就缺少创新能力及在数字化转型方面进行探索的积极性。

- 企业管理者的认识不够：在许多企业中，各业务负责人对哪些数据及相关技术可能会对业务产生变革性的影响都不了解，并且不太认可数据及相关技术能够改变传统业务，这也会阻碍企业进行数字化转型。

- 受限于企业文化：企业的数字化转型也会受企业文化的影响，通过研究不难发现，具有开放、创新、务实精神的企业进行数字化转型更容易成功。

企业只有解决以上问题，才有可能逐步实现数字化转型并取得成功。

## 9.2 企业数字化转型的五个阶段

企业要进行数字化转型，通常会经过以下五个阶段（见图 9-1），企业在每个阶段均需要有相应的能力。

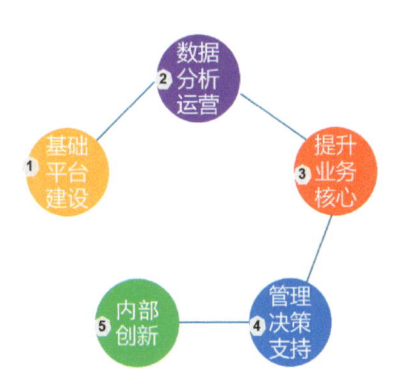

图 9-1　企业数字化转型的五个阶段

**1. 第一阶段：大数据基础平台建设**

在此阶段，企业内部并没有对数据进行相应的集成、清洗及整合，企业内部的数据散落在各个领域，形成一个个孤岛，数据质量也是存在的一个大问题。在该阶段，企业一般会围绕用户来规划相应的平台，比如 CDP（用户数据平台）、MDM（主数据管理平台，或者用户大数据平台）等。在建设好大数据基础平台后，企业应针对用户、会员、市场等主题做一些研究及分析。

**2. 第二阶段：数据驱动运营**

在此阶段，企业利用第一阶段建设的大数据基础平台可以生成大量数据分析报告，涉及行业趋势分析、产业变化分析、业务变化分析、商业模式创新分析、竞品及策略分析。在此阶段还可以围绕用户、市场营销、广告等领域，逐步优化原有的业务流程，构建数据指标体系，也可以用一些自动化运营模式替代原有的运营服务模式。企业的各业务部门在此阶段要逐步适应，擅长使用数据说话，并形成与部门核心业务相关的数据指标体系。该领域进行的数据分析，绝大多数可应用于运营业务。

3. 第三阶段：用数据提升核心业务

该阶段的数据分析应用会由运营业务转向企业的核心业务，如生产、销售、供应链等领域。在此阶段，定出业务的核心目标变得比较关键，还要能满足不同部门查看基础的 BI 报表、数据指标的一些需求。

在该阶段，企业内部应有相对成熟的数据技术团队，能够负责该领域的业务咨询和技术方案的制定及落地。

4. 第四阶段：企业管理决策支持

在此阶段，企业的各类管理决策（例如营销决策、运营决策等）都有相应的数据团队做策略分析和优化。在此阶段还可以解决企业面临的一些业务领域的问题，例如如何实现用户增长，如何实现销售额增长，市场研究如何做，产品创新如何做等。此时，可以找出企业发展过程中存在的一系列战略问题，通过数据分析技术帮助企业找到更好的解决思路，重点提升企业的战略决策。

5. 第五阶段：内部创新

任何一家企业都会为特定的用户群体提供特定的产品、服务。企业要实现内核创新，就要更多地关注自身的核心需求，通过审视核心需求，利用创新商业模式、新技术，进行内部的创新。

企业外核创新是指随着新技术的发展，企业的核心业务受到外部环境的挤压，企业需要进行外核创新，支撑新业务的发展或者获取更好的发展机会，寻求新的业务增长点。

对传统企业来说，围绕上下游业务进行创新，也是发现市场空白点的好方法。比如航空公司围绕机票，做一些OTA业务（即在线旅游代理业务，携程、去哪儿都涉及该领域），美容企业涉足SaaS，保险公司做健康服务领域的生意。

总而言之，企业在进行数字化转型的过程中，要经过大数据基础平台建设—数据驱动运营—用数据提升核心业务—企业管理决策支持—内部创新这个历程。

## 9.3　企业数字化转型的组织架构及过程

企业在进行数字化转型时，自身的组织架构也应该有对应的一系列调整和升级。一些欧美国家及一些国内企业会采用新的组织方式。下面总结了国内外企业是如何调整组织文化的，供读者参考。

### 9.3.1　组织架构及人才组成

#### 1. 企业数据组织结构

有的企业在其组织架构中引入了CDO（首席数据官）职位，负责管理整个企业中的数据资产。在这种组织架构中，一部分企业的CDO位于CIO（首席信息官）的下面，一部分企业的CDO与CIO平级，如图9-2所示。

想进行数字化转型的企业可以参考这两类组织架构方式。

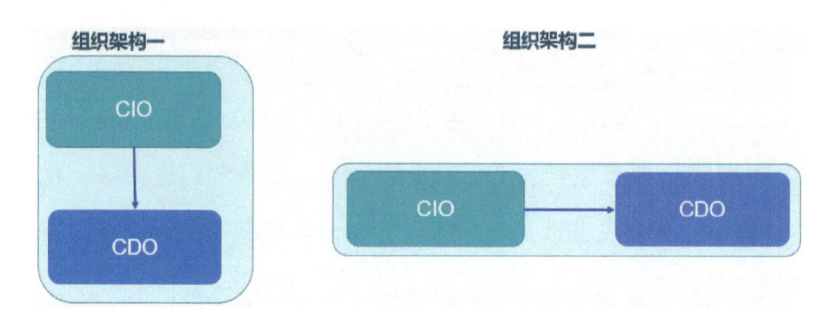

图 9-2　企业中 CIO 与 CDO 的关系

2．企业人才组成

企业有了好的组织架构，还需要考虑在该组织架构下，什么样的人才构成能够帮助企业将大数据能力发挥得更好，以及更好地推动企业数字化转型。图 9-3 展示了企业中的大数据人才构成。

图 9-3　大数据人才构成

## 9.3.2　企业数字化转型的三要素

企业在进行数字化转型时，会有以下三要素，如图 9-4 所示。

- 数据化：搭建大数据基础平台，将重复的手工工作和流程数据化，由机器系统来完成。

- 数字化：利用大数据分析技术，提升企业的运营、管理、生产能力。
- 数据资产化：利用自身拥有的数据，提供可以变现的商业模式，进行数据变现。

图 9-4　企业数字化转型的三要素

不同的企业进行数字化转型的目标都不一样。在一些宝石、化工、化妆品等信息化程度比较低的企业中，一些工作流程需要进行数据化改造。在一些金融、保险、航空、汽车等有相对强的系统建设的企业中，提升企业数字化能力，利用数据分析技术提升原有行业水平是其努力的方向。

### 9.3.3　企业数据团队的组成

在企业的数字化转型过程中，还需要配备相应的数据团队，帮助企业更好地进行数字化转型，如图 9-5 所示。

其中，数据分析团队及数据产品经理主要负责制定各业务线目标、规划数据指标及分析体系、制定数据应用战略，并提供数据分析报告。数据科学家主要负责提升某些核心环节的效率及开发数据模型等。行业顾问主要帮助企业研究及找到企业可以利用外部技术提升的业务领域，并能够和数据科学家一起完成解决方案。

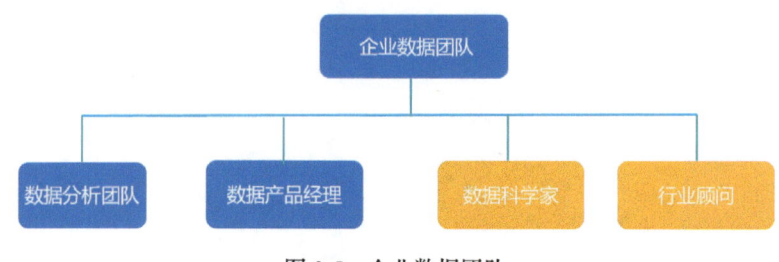

图 9-5　企业数据团队

## 9.4　数据产品

近几年，在互联网公司中，与数据产品相关的职位已经成为热门的职位，同时，在不同的企业里，对于数据产品有不同的定义。下面整理出一些常见的数据产品类型，供读者参考。

- BI 报表类数据产品：为企业做实时分析、制作可视化报表的产品。

- SaaS 类数据产品：围绕某个行业，规划并梳理整个行业的需求，将其转化成可以为整个行业所用的数据产品。

- PaaS 类数据产品：生态类或平台类的数据产品。PaaS 类数据产品会涉及该生态领域中不同的 B 端企业，或者 C 端用户群体。

- 商业模式类数据产品：此类数据产品的特点体现在其商业模式设计上。贷款超市、汽车租赁等应用程序均属于此类数据产品。

- 垂直领域类数据产品：专注于某一个领域的数据产品，如墨迹天气、企名片等。

- 其他数据产品：如企业信息查询类数据产品。

## 9.5 案例：腾讯数据产品探索之路

本节介绍腾讯公司的数据产品探索之路，供读者了解互联网技术公司内部数据产品的探索及演变路径，如图 9-6 所示。

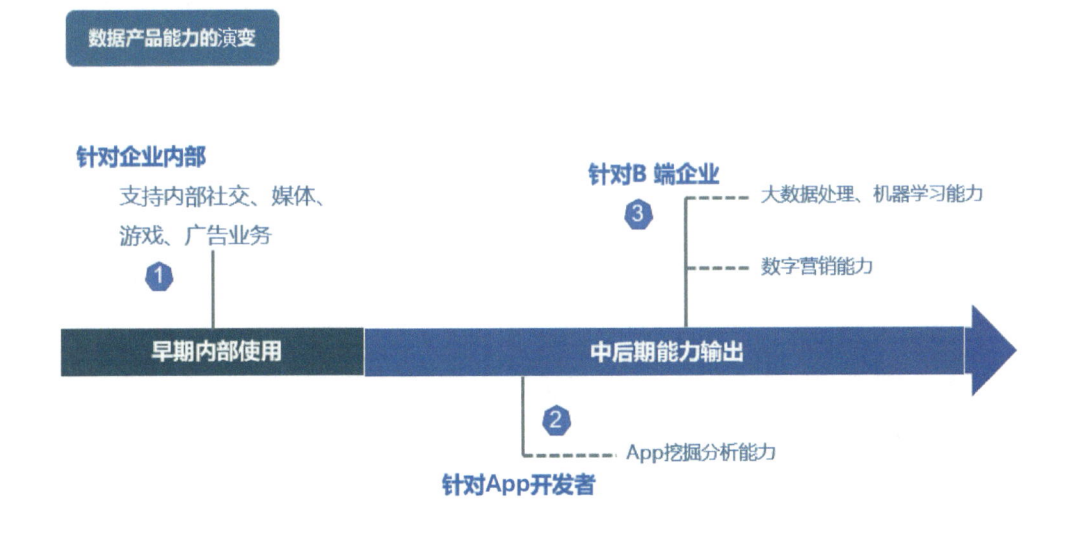

图 9-6 数据产品能力的演变

通过研究腾讯公司 10 年的数据产品开发历程很容易发现，在这个时间周期里，腾讯的数据产品定位经历了以下两个阶段。

- 腾讯早期数据产品定位为内部使用，支持腾讯社交、媒体、游戏及广告等业务。

- 腾讯当前数据产品定位为能力输出，提供平台并输出能力，为开发者提供服务，为企业赋能。

由此可见，腾讯在数据产品方面的探索历时很久，并且具有一定的前瞻性。下面介绍腾讯公司如何定义当前的产品，以及给开发者和 B 端企业输出能力。

（1）针对开发者

在移动开发领域，腾讯为 App 开发者提供数据挖掘分析能力、启用用户标签进行精准营销的能力并搭建稳定的推送通道，HTML5 开发者提供页面分析的能力，为小程序开发者提供深入分析的能力等。腾讯的目标是帮助更多的开发者更好地利用腾讯平台进行应用程序开发，腾讯再通过这些开发者为 C 端用户提供更好的服务。

（2）针对 B 端企业

腾讯针对 B 端企业主要提供以下能力。

- 提供大数据处理、机器学习能力及大数据平台。例如一些机械制造企业能够通过腾讯公司提供的服务采集各类终端设备信息，也可以将自己的数据上传到数据处理平台中，使用腾讯提供的挖掘模型进行深入解析。

- 提供数字营销能力。腾讯将其数据服务能力打包，作为营销工具在腾讯云对外输出，B 端企业可以通过其提供的精准营销能力，找到更多的用户。

腾讯当前提供的大数据产品已经越来越丰富，从移动开发到提供机器学习、精准营销等服务，这些产品正在逐渐开发出来。